리더십

슈퍼파워

Dietmar Sternad 저 | Eva Kobin 그림 | 정종진 · 정영훈 공역

잘나가는 리더의 핵심 기술 50가지

· DEVELOP YOUR ·
LEADERSHIP SUPERPOWERS
50 KEY SKILLS YOU NEED TO SUCCEED AS A LEADER

학지사비즈

Develop Your Leadership Superpowers:
50 Key Skills You Need to Succeed as a Leader
by Dietmar Sternad and Eva Kobin

Original edition by econcise (www.econcise.com)
Copyright © 2023 econcise GmbH

· 역자 서문

– 멋진 리더로 성공하기 –

2015년 세계경제포럼World Economic Forum: WEF에서는 인공지능으로 대표되는 제4차 산업혁명 사회에서 가장 핵심적으로 요구될 16가지 역량을 제안하였고, 그중 하나로 리더십leadership을 꼽았다. 제4차 산업혁명 사회에서 요구되는 인재상이 갖추어야 할 하나의 역량으로 리더십이 매우 중요하다는 것이다. 이후 2023년 포럼에서도 리더십은 더욱 중요해지는 핵심 역량으로 꼽혔다. 이렇듯 다가오는 미래 사회 인재에게 리더십이 필수적인 요소로 부상하면서 중·고등학교 및 대학교에서는 학생들의 리더십 역량 강화를 위한 여러 가지 사업과 프로그램을 운영하는 추세에 있다. 기업체에서도 CEO, 각 부서장 및 팀원들에게까지 리더십 자질을 강조하고 있고, 신입 및 경력 사원을 선발할 때 리더십 역량을 갖추고 있는지를 평가의 주요 항목으로 포함시키고 있다.

리더십이란 집단 활동을 조직화하고 그러한 활동이 진행되는 것을 관리함으로써 집단을 이끌어 가며, 아울러 자신이 속해 있는 집단 구성원들을 격려하면서 각자의 임무를 완성하게 하는 동시에 구성원 간의 조화로운 관계를 육성하는 능력을 말한다. 리더십은 두 가지 기능을 지니는데, 하나는 집단 구성원들이 각자의 역할을 잘 해내도록 하는 것이고, 다른 하나는 구성원들을 고무해 좋은 관계를 형성하고 유지하여 사기를 진작시키는 것이다.

이러한 리더십의 중요성은 아무리 강조해도 지나침이 없다. 리더 십에 따라서 조직의 목표 달성 여부나 정도가 달라질 수 있기 때문 이다. 리더십은 구성원 각자의 역량을 집결시킨 집단 역량의 단순한 합 그 이상의 힘을 갖도록 하는 시너지 효과를 촉진한다. '용장 밑에 약졸 없다'라는 말이 있듯이 리더십이 강하면 집단 역량도 탄탄해지 지만, 리더십이 흔들리면 구성원들도 오합지졸이 된다. 리더가 얼 마나 제대로 리더십을 발휘하는가에 따라 그 조직의 수준 및 성과를 좌우하게 된다. 좋은 리더십은 구성원들의 목표 달성에 기여할 수 있도록 사기를 높임으로써 직무만족과 조직몰입에 크게 공헌할 수 있고, 또한 구성원들에게 나아갈 방향과 비전을 제시해 줄 수 있다.

리더십 역량은 비즈니스, 교육, 정치, 스포츠, 의료 등 모든 분야 에서 직업적 성취에 기여하고 성취를 촉진시키는 성격적 요인이기 도 하다. 연구에 따르면, 성인이 되어 리더가 된 사람들은 대부분 어 린 시절부터 겪어 온 환경과 상황에 따라 성격이 형성되면서부터 리 더의 자질을 나타냈다고 한다. 그러므로 성인이 되어 더 나은 직업 적 성취를 이루어 갈 수 있도록 어린 시절부터 리더십을 길러 주는 것이 필요하고, 직장에서도 리더십에 관한 연수교육, 워크숍, 코칭, 멘토링, 상담 활동을 실시하여 구성원들의 리더십 역량을 키워 주어 개인적으로 직업적 성취를 이루고 조직의 목표를 달성해 나가도록 해야 한다.

리더십 역량을 키우기 위해서는 무엇보다도 리더십에 대한 구체적이고 명확한 콘텐츠가 필요하다. 이에 역자들의 눈에 들어온 것이 오스트리아 econcise 출판사에서 펴낸 디트마르 스터내드_{Dietmar Sternad} 박사의 『Develop Your Leadership Superpowers: 50 Key Skills You Need to Succeed as a Leader』였다. 이 책은 부제목에서 알 수 있듯이 리더로서 성공하는 데 필요한 50가지 핵심 기술을 다루고 있다. 각 리더십 기술의 의미가 무엇인지, 각 리더십 기술에 능숙해지는 것이 왜 중요한지, 그리고 각 리더십 기술을 연마하고 향상시킬 수 있는 방법이 무엇인지를 간단하면서도 명료하게 제시하고 있다. 또한 리더십 기술들을 개발하고 연마하기 위한 실전 연습의 기회도 제공하고 있다.

리더는 다양한 성향을 가진 사람들로 구성된 조직을 한 방향으로 나아가게 만들어 조직의 목표를 달성해야 할 뿐만 아니라, 구성원들에게 능력을 펼칠 기회를 제공하면서 동시에 그들의 역량을 성장시키는 사람이어야 한다고 평소 믿고 있는 역자들에게 이 책은 너무나 공감되는 바가 많다. 저자가 지적하고 있듯이 '타고난' 리더는 없다. 리더십에 어떠한 '미스터리'나 '신비함'이 숨겨져 있지도 않다. 리더십은 하늘이 주는 마법의 선물도 아니고 고차원적인 과학도 아니다. 훌륭한 리더가 되기 위해 필요한 것은 오직 이 책에서 제시하고 있는 50가지 핵심 리더십 기술을 배우고 올바르게 실행하는 것이다. 이것이 바로 진정한 리더십이기도 하다.

독자들이 이 책의 기술들을 습득해 실행하다 보면, 존경받는 멋진 리더가 될 수 있고 진정한 리더십을 발휘할 수 있으리라 역자들은 확신한다. 리더십 역량을 개발하고자 하는 청소년들, 리더로서의 역할을 시작하거나 리더십을 업그레이드하고자 하는 직장인들,

그리고 각 분야에서 이미 리더로 활동하고 있는 지도자들에게 이 책이 큰 도움이 될 것이다. 독자들의 이해를 돕고 정보를 확장하기 위해 본문에 부분적으로 역자들이 첨가한 말('역자 주'로 표시하였음)이 있음을 미리 밝혀 둔다. 자, 그러면 성공하기 위해 멋진 리더가 되고 리더십 슈퍼파워를 발휘하기 위한 기술을 이 책과 함께 배워 가도록 하자.

2024년 10월
정종진·정영훈

· 이 책에 쏟아진 찬사

"이 놀라운 책은 새로운 리더와 경험이 많은 리더 모두를 위한 실행 가능한 지혜로 가득 차 있다. 실제적인 팁과 메모할 공간이 있는 각각 명확하게 설명된 50가지(!)의 리더십 기술이 포함되어 있다고 해서 당황하지 마라. 왜냐하면 리더십 슈퍼파워를 개발하기 위한 이 책은 단순한 목록이 아니라 여러분의 일과 삶을 변화시킬 수 있는 통합된 마음가짐과 행동의 집합이기 때문이다."

Amy C. Edmondson, 하버드 경영대학의 노바티스 리더십 교수,
『Right Kind of Wrong: The Science of Falling Well』
(Atria 2003)의 저자

"나는 디트마르 스터내드의 글쓰기 스타일을 정말 좋아한다. 마치 그가 여러분에게(여러분의 마음과 정신 모두에게) 직접적으로 말하는 것처럼 느낄 것이며, 이것이 이 책을 매우 쉽고 빠르게 읽을 수 있게 해 준다! 이 책은 나의 소중한 고객들에게 선물하기 위해 나와 함께 들고 다닐 새로운 최고 리더십 북이다. 나는 나의 고객들(그리고 여러분)이 이 책을 매우 좋아할 것이고, 더 중요하게는 내가 이 책을 활용한 만큼 그들도 많이 활용할 것이라고 확신한다."

Sue Belton, 수상 경력이 있는 리더십 코치, 연사 및 작가(런던)

"신선한 스타일과 영감을 주는 삽화와 예시를 통해 여러분의 리더십 슈퍼파워를 개발하기 위한 이 책은 50가지의 필수 리더십 기술을 키우고, 성과를 달성하고 사람들을 발전시킴으로써 큰 변화를 가져올 수 있도록 도와줄 것이다. 이 책으로 여러분의 슈퍼파워를 발휘하라!"

Dianiel Pittino 교수, 베스트셀러 『The Concise Leadership Textbook: Essential Knowledge and Skills for Developing Yourself as a Leader』의 저자

"여러분의 리더십 슈퍼파워를 개발하기 위한 이 책은 중요한 리더십 역량을 강화하기 위한 실제적인 전략과 조언을 제시한다. 공감 능력 함양과 협상 기술 연마부터 응집력 있는 팀 구축에 이르기까지 관리자가 영향력 있는 리더로 변신할 수 있도록 포괄적이면서도 간결한 리더십 개발 프로그램을 제공한다."

Larry Cermak, The Block의 CEO(뉴욕)

· 차례

3장   129

목적과 우선순위를 명확히 하라

4장   183

승리하는 팀을 구축하라

시작하는 말

- 멋진 리더가 되는 법 -

당신은 이제 막 **리더십 여정**을 출발하려고 하는가? 기존의 리더십 기술을 한 단계 더 발전시키고 싶은가? 아니면 다른 사람들이 더 나은 리더가 되도록 돕기 위해 코칭하고 있는가? 어디서부터 출발하든 관계없이, **어떻게 하면 보다 더 성공적인 멋진 리더가 될 수 있는가**에 관심이 있다면, 이 책은 바로 당신을 위한 것이다.

내가 20대 후반에 출판사의 젊은 이사로서 첫 리더십 역할을 맡았을 때, 무엇을 기대해야 할지 막막하기만 했다. 갈등을 해결하거나, 팀원들과 힘든 대화를 나누거나, 리더십 책임과 함께 따라오는 어려운 상황을 관리해야 할 때, 길을 잃거나 불안감을 느끼는 순간이 참 많았다.

비즈니스와 교육 분야에서 다양한 리더 역할을 수행한 25년의 경험을 갖고 있고, 리더십에 대한 끝없는 공부와 가르침 및 저술을 했고, 임원교육과 코칭 및 컨설팅 분야에서 젊고 경험이 풍부한 많은 리더를 지원해 온 지금 시점에서 마침내 나는 리더십 경력을 시작할 때 읽으면 좋을 책을 소개해 줄 수 있게 되었다.

그 모든 시간 동안, 나는 '타고난' 리더는 없다는 것을 배웠다. 리더십에는 신비한 것이 없다. 리더십은 하늘이 주는 마법의 선물도 아니고 로켓 과학도 아니다. 또한 리더십을 위해 특별히 외향적이거나 '카리스마가 있는' 성격을 가질 필요가 없다. 훌륭한 리더가 되기 위해 필요한 것은 오직 몇 가지를 올바르게 실행하는 것이다. 이것이 바로 이 책의 내용이다. 이 책은 리더십 역할을 수행할 때 **변화와 성과를 가져올 수 있도록 하는 리더십 기술**을 배우는 데 큰 도움을 줄 것이다.

리더십 역할에 성공하기 위해 필요한 50가지 핵심 기술은 다음과 같이 5개의 장으로 깔끔하게 정리되어 있다.

- 1장은 **올바른 리더십 마인드셋**mindset(역자 주: 마인드셋은 마음가짐 혹은 사고방식이나 신념을 뜻함)에 대한 것이다. 리더십은 항상 내면 깊은 곳에서 시작된다. 리더십 존재감을 가르고, 자신감 있고 회복탄력적인 리더가 되며, 감정을 조절하는 방법을 익히는 것이 이 장에서 배울 리더십 기술의 몇 가지 예이다.
- 2장의 초점은 다른 사람들과 **효과적으로 의사소통을 하는 방법**에 있다. 의사소통은 다른 사람들을 끌어들이고 관여하기 위해 가장 중요한 도구임에 거의 틀림없다. 2장에서는 어떻게 하면 의사소통 목표에 도달하고 메시지를 효과적으로 전달할 수 있는가에 대한 것뿐만 아니라 적극적으로 경청하고, 비언어적 신호를 해독하고, 협상 및 어렵고 힘든 대화를 마스터하며, 피드백의 혁신적인 힘을 사용하는 방법에 대해서도 살펴볼 것이다.
- 3장은 개인과 팀 모두에게 **올바른 우선순위를 설정하는 데 도움이**

될 것이다. 예를 들어, 명확한 목적을 정의하고, 목표를 설정하고, 전략적으로 사고하고, 더 나은 결정을 내리고, 문제를 구조화된 방법으로 해결하며, 현명한 시간 관리 전략을 사용하여 정말 중요한 것에 노력을 집중하는 방법을 배우게 될 것이다.

- 4장의 리더십 기술을 통해서는 **승리하는 팀을 구축**할 수 있을 것이다. 팀에 적합한 사람을 선택하고, 팀원과 신뢰와 친밀감을 형성하며, 긍정적인 팀 정신을 형성하고 유지하는 방법에 대해 살펴볼 것이다. 또한 책임감을 보장하고, 효과적인 팀 회의를 개최하고, 가상 팀을 이끌고 민첩한 팀을 만들며, 갈등 상황에 대처하는 방법에 대한 팁tips도 얻을 수 있을 것이다.
- 최고의 리더는 **다른 사람들이 성장할 수 있도록 돕는다.** 5장에서는 다른 사람들의 장점을 인식하고, 팀원들에게 올바른 도전과 발전 기회를 제공하며, 성과 문제를 생산적으로 해결하기 위한 도구에 대해 다룬다. 또한 리더십 도구로서 코칭을 사용하고, 변화 과정을 효과적으로 관리하며, 팀의 지속적인 학습을 지원하는 방법에 대해서도 배우게 될 것이다.

50가지 리더십 기술 각각에 대해 먼저 해당 기술이 무엇인지, 그리고 리더로서 이 기술에 능숙해지는 것이 왜 중요한지에 대해 간략하게 살펴볼 것이다. 그런 다음 각 **리더십 기술을 연마하고 향상시킬 수 있는 방법에 대한 실제적인 조언**이 이어진다.

또한 이 책에서 각 리더십 기술에 대한 **50가지 기술을 연마하기 위한 연습**을 통해 곧바로 리더십 슈퍼파워를 개발할 수 있는 기회를 얻게 될 것이다. 이러한 연습을 의도적으로 사용하면 리더십 기술을 더 높은 수준으로 개발하는 데 큰 진전이 있을 것이다.

만일 처음부터 끝까지 기술을 연마하기로 결정한다면, 이 책을 **리더십 기술을 강화하기 위한 전체 마스터 클래스**로 사용할 수 있다. 또는 리더십 기술을 개발하기 위한 참고도서로 사용할 수도 있다. 새롭거나 어려운 리더십 상황에 직면했을 때 관련 있는 기술을 사용하여 해결 방법에 대한 영감을 얻길 바란다.

리더십 기술을 한 단계 더 발전시키기 위한 구체적인 조언과 실전 연습을 포함하는 것 외에도(일반적인 리더십에 대해 왈가불가하는 대신에), 이 책을 대중으로부터 돋보이게 하는 또 다른 점이 있다. 그것은 바로 각각의 리더십 기술을 보여 주는 에바 코빈Eva Kobin의 훈훈한 그림이다.

몇 년 전에 에바가 오스트리아 카린시아 응용과학대학교Carinthia University of Applied Sciences: CUAS 석사과정의 내 지도 학생이었을 때, 그녀는 리더십 과정에서 그림을 포함시키기 시작했다. 처음에 그 그림들을 보았을 때, 나는 그녀가 리더십 과정 개념의 본질을 포착할 수 있을 뿐만 아니라 완전히 새로운 정서적 차원을 추가할 수 있다는 것에 대해 놀라웠다. 그림들을 보면, 인지적으로 단순히 이해하는 것뿐만 아니라 좋은 리더십이 무엇인지 느낄 수 있을 것이다.

훌륭한 리더는 정신과 마음을 모두 얻는다. 그들은 마치 에바의 그림에 나오는 작은 '슈퍼히어로 리더'처럼 마음으로 듣고 마음으로 말할 수 있다.

그리고 그림 속에서 쿠키를 쫓는 작은 개를 찾는 것도 항상 잊지 마라. 만약 그것이 당신을 미소 짓게 만든다면, 모든 것을 너무 심각하게 받아들이지 말라는 점을 상기시켜 주는 것으로 받아들여라. 특

히 리더십 역할에서 말이다. 현명한 리더는 유머가 더 깊은 유대관
계를 형성하는 데 훌륭한 도구라는 것을 알고 있다.

　개$_{\text{dog}}$ 역시 충실한 동반자이고, 에바와 나는 이 책이 당신의 개인
적인 리더십 여정에서도 충실한 동반자가 되기를 간절히 바란다. 이
제 멋진 리더가 되기 위해 리더십 슈퍼파워 개발을 시작해 보라! (그
리고 그 과정에서 당신의 팀과 쿠키를 나누어 갖는 것을 잊지 마라.)

1장

리더십 마인드셋을 개발하라

리더십 마인드셋을 개발하라

당신은 이 장을 통해 다음을 수행할 수 있다.

- 리더의 태도를 취한다.
- 다른 사람들과 진정성 있게 연결해서 그들에게 돌보고 있다는 느낌을 준다.
- 감정을 조절하고 자신감을 보여 준다(특히 어려운 상황에서).
- 팀에 긍정적인 에너지를 퍼뜨린다.
- 자기성찰의 힘을 활용한다.

리더십은 항상 어떻게 생각하고 느끼는지와 함께 **자신의 내면에서** 시작된다. 내면에서 자신감을 느낄 때, 다른 사람들에게도 자신감을 심어 줄 수 있다. 긍정적인 에너지로 다른 사람들에게 다가갈 때 그 대가로 에너지가 넘쳐나게 된다. 그리고 당신이 공동의 목표에 대해 정말로 관심을 가질 때, 팀원들 역시 공동의 목표에 관심을 갖기 시작할 것이다. 리더로서 지니는 태도는 주변 사람들의 태도에도 엄청난 영향을 미칠 것이다.

성공한 모든 운동선수들이 알고 있듯이, 선수권대회에서 우승하기 위해서는 먼저 **내면의 게임에서 승리**해야 한다. 따라서 이 첫 번째 장에서는 어떻게 하면 올바른 **리더십 마인드셋**leadership mindset 즉 리더로서의 습관을 형성하고 리더십 역할의 성공 여부를 결정하는 태도와 신념을 기를 수 있는가에 대해 살펴보고자 한다.

많은 리더십 기술들 중에서도 다른 사람들을 중요하다고 느끼도록(이것이 효과적인 리더십의 비밀 중 하나이다), 자신의 감정을 스스로 조절하도록(감정에 의해 자신이 통제받는 것이 아니라), 그리고 문제와 실망에 직면했을 때 더 강해져서 돌아오는 방법에 대해서 배울 것이다. 이 장에서 다루는 기술들을 종합해 보면, 다른 사람들이 당신을 믿고 최선을 다하도록 격려하는 긍정적인 리더십 마인드셋을 개발하는 데 도움이 될 것이다.

01 리더십 존재감을 키우라

What ······
리더십 존재감을 키운다는 것은 무슨 의미인가?

　어떤 사람들은 자연스럽게 다른 사람들의 주의를 지휘하는 것처럼 보인다. 그들은 소위 리더십 존재감_{leadership presence}, 즉 "다른 사람들의 생각과 감정과 진정성 있게 결합하는 능력"[1]이란 것을 갖고 있다.

　리더십 존재감은 가급적 최선의 모습으로 자신을 표현하는 것이 아니다(비록 여기서는 열정적으로 말하고 행동하는 것이 특정 역할을 할 수는 있지만). 그 핵심은 다른 사람들에게 완전히 집중하고 있다는 것을 보여 줌으로써 **그들이 그 공간에서 가장 중요한 사람이라는 느낌을 갖게 하는 것**이다.

Why……
리더십 존재감이 왜 중요한 리더십 기술인가?

리더십 존재감은 당신이 다른 사람들을 동원하고 영향력을 행사하는 데 도움을 줄 수 있다. 사람들은 당신에게 주의를 기울일 것이고, 당신이 다른 사람들과 함께 이루고 싶은 결과에 도달하는 것을 더 쉽게 해 줄 것이다.

카리스마charisma가 탁월한 리더들의 중요한 자질로 종종 여겨진다는 것을 들어 보았을 것이다. 다른 사람들이 당신에게 거의 '매력적으로' 끌린다고 느낄 때, 당신은 카리스마를 갖게 된다.

그러나 사람들은 카리스마를 가지고 태어나지 않는다(비록 대부분의 아기들이 실제로 주변의 모든 사람들의 관심을 끄는 데 능숙하긴 하지만). 여기에는 마법도 관련되어 있지 않다. 카리스마의 현상을 광범위하게 연구해 온 리더십 코칭 전문가 올리비아 폭스 카반Olivia Fox Cabane의 설명에 따르면 그것은 단지 "특정한 비언어적 행동들의 결과"[2]이다. 그러한 행동들 중 가장 중요한 것은(또는 폭스 카반의 말을 빌리자면 "카리스마의 진짜 핵심 요소"[3]는) **당신이 완전히 존재한다는 것을 다른 사람들에게 보여 주는 것이다.**

How……
리더십 존재감을 키우려면 어떻게 해야 되는가?

존재감은 특성이 아니라 행동이다. 그것은 본질적으로 **주변에서 일**

어나는 일들을 완전히 인식하고, 세상과 주변 사람들과 강하게 연결하는 것을 의미한다. 리더십 맥락에서 그것은 특히 사람들에게 **전적인 관심을 기울이는 것**을 의미한다.

간단해 보이지만 우리 대부분에게는 특히 자신의 생각에 의해 너무 쉽게 산만해지기 때문에 이것은 꽤 어려운 일이다. 당신의 마음이 멀어질 때(예: 만일 상대방이 말이 끝나기도 전에 다음에 무슨 말을 할지 생각하고 있다면), 다른 사람들과 깊은 관계를 맺을 수 없다. 사람들은 당신이 그들과 완전히 함께 있지 않을 때 이를 알아차릴 것이다. 예를 들어, 그들은 당신의 얼굴 반응이 단지 짧은 순간에 불과하다는 것을 무의식적으로 감지하기 때문이다.

카리스마의 핵심 요소인 **완전한 존재감을 만드는 방법**에 대한 몇 가지 팁은 다음과 같다.[4]

- 다른 사람들과 상호작용을 할 때, **당신이 지금 그 순간에 있는지를 정기적으로 체크하라.** 즉, 다른 사람들과 교류를 할 때는 그들에게 완전히 주의를 기울여야 한다.
- 다른 사람들과 **좋은 눈 맞춤**$_{eye\ contact}$을 하라. 즉, 그들과 연결하는 데에 정말 관심이 있다는 것을 보여 주어야 한다.
- **미러링**$_{mirroring}$(역자 주: 한 사람이 다른 사람의 제스처, 말투 또는 태도를 무의식적으로 모방하는 행동)을 사용하여 당신의 몸짓 언어$_{body\ language}$를 다른 사람과 일치시켜라. 이것은 다른 사람들과 더 깊이 연결시킬 수 있는 강력한 방법이다.
- 다른 사람들이 신체와 표정으로 말하고, 행하고, 표현하는 것을 주의 깊게 기록하라(또한 기술 15 비언어적 신호를 해독하라 참조). 다른 사람

들의 비언어적 메시지는 그들이 무엇을 생각하고 어떻게 느끼
는지에 대한 단서를 제공해 줄 것이다. 이 단서는 다른 사람들
의 요구에 적절하게 반응하도록 도와줄 것이고, 이것은 다시 그
들에게 당신이 그들에 관해 주의와 관심을 갖고 있다는 느낌을
주게 될 것이다.

• 누군가와 통화를 할 때는 **이메일을 보내거나 인터넷에서 서핑을 하
지 마라.** 그들은 당신의 반응이 아주 잠깐씩 지연되는 것을 알아
차린다는 점을 명심하라(그리고 그들은 당신이 컴퓨터 키보드 누르
는 소리를 듣는 것을 좋아하지 않을 것이다).

리더십 존재감은 자기 자신을 어떻게 나타내 보여 주는지보다는
다른 사람들의 생각과 감정을 인식하고 평가하는 능력에 관한 것이
다. 그렇긴 하지만, 리더십 역할에 대해 어느 정도 자신감을 보이는
것이 확실히 도움이 되므로 다음에는 이에 대해 살펴볼 것이다.

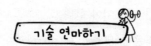

리더십 존재감을 키우기

다음번에 동료, 친구 혹은 가족과 대화를 나눌 때에는 상대방에게
완전히 집중하도록 노력하라. 미러링과 눈 맞춤을 사용하라. 당신
의 주의가 산만해졌을 때에는 주의를 기울이고, 상대방이 언어적이
든 비언어적이든 무슨 말을 하고자 하는지에 완전히 주의를 집중하
라. 그들에게 무엇이 중요하고, 그들이 어떻게 느끼고 있는지를 이

해하려고 노력하라.

　대화를 할 때는 한 가지 큰 목표만 염두에 두어라. 그것은 바로 상대방으로 하여금 당신의 전폭적인 관심을 받고 있음을 느끼게 하는 것이다.

리더십 존재감을 키우는 것에 대한 나의 개인적인 메모

....

....

....

....

....

....

....

....

....

02 자신감을 보이라

What······
자신감을 보인다는 것은 무슨 의미인가?

자신감은 누군가에 대한 신뢰감이다(자기에 대한 자신감은 자기 자신에 대한 신뢰감이다). 자신감은 두 가지 형태로 나타난다. 하나는 **당신의 능력에 대한 자신감**, 즉 당신이 어떤 것을 잘할 수 있을 것이라는 믿음이다. 다른 하나는 걱정 없이 다른 사람들과 상호작용하는 것을 편안하게 하는 **대인관계 자신감**이다. 이러한 자신감의 두 가지 측면은 어려운 상황을 잘 처리하는 능력인 **정신적 강인함**mental toughness이라고 불리는 것의 중요한 구성요소들이다.[5]

Why……
자신감을 보이는 것이 왜 중요한 리더십 기술인가?

자신감은 유능함을 나타낸다. 자신감을 나타내 보일 때, 다시 말해 어떤 상황에 대처하는 당신의 능력에 대해 거의 의심하지 않는다는 느낌을 다른 사람들에게 줄 때, 그들은 당신에 대한 신뢰를 발전시키는 것이 더 쉬울 것이다. 대부분의 사람들은 불확실성을 좋아하지 않는다. 리더로서 자신감을 보이는 것은 의심과 불확실성을 줄이는 데 도움이 될 것이고, 또한 팀에 대한 전반적인 자신감 수준을 높이는 데 기여할 것이다.

이와 반대로 만약 당신이 주저하는 것으로 비춰지고, 불안함을 보이고, 자기 자신을 믿지 않는다고 한다면, 다른 사람들이 어찌 당신을 신뢰할 수 있겠는가?

더 높은 수준의 자신감은 **좌절에 대처하는 능력**에도 영향을 미칠 것이다.[6] 이것은 팀이 좀 더 어려워진 상황에 처할 때 특히 중요하다. 팀원들이 리더로서 당신이 어려움에 직면했을 때 여전히 침착하고 미래지향적이라고 느낄 때, 그들이 팀을 떠나지 않고 그대로 남아 있거나 보다 더 자신감을 갖도록 도와줄 수 있다.

그러나 지나치게 자신만만한 모습을 보이지 않도록 조심하라. 매우 지나친 자신감은 자칫 자만심에 빠질 우려가 있다. 당신이 가지고 있지 않은 능력을 믿는 '**이카루스 효과**$_{\text{Icarus effect}}$'(역자 주: 너무 의기양양해진 나머지 아버지의 당부를 무시한 채 하늘 높이 날아오르다 그만 바다에 떨어져 죽게 된다는 그리스 신화의 이카루스 이야기에서 유래한 것으로, 크게 성공한 사람일수록 자신의 자만심에 빠져서 예전의 성공 방식만

을 고집하다가 새로운 환경 변화에 적응하지 못하고 도태되는 현상을 말
함)에 주의하라.[7]

How......
자신감을 보이려면 어떻게 해야 되는가?

자신감을 보여 줄 수 있는 세 가지 방법이 있다. 하나는 말로 자신
감을 나타내는 것이다. 그것은 틀림없이 거의 가장 약한 방법이다.
사람들은 당신이 무언가에 대해 자신 있다고 말하면 당신을 믿을 수
도 있지만, 만약 당신이 자신감이 없는 것처럼 들리면 믿지 않을 수
도 있다.

자신감을 보여 주는 두 번째 방법은 보다 강한 것인데, 그것은 **말
하는 방법**에 관한 것이다. 자신감이 있는 사람들은 대개 말을 덜하
고, 더 천천히 말하며, 의도적으로 말을 잠시 멈춘다(특히 말하기 전
에). 말의 끝부분에서는 목소리의 억양을 낮추어 "보컬의 힘"[8]을 전
달한다.

자신감을 보여 주는 세 번째 방법은 **몸짓 언어**를 통해서이다. 몸짓
언어는 다른 사람들에게 가장 강력한 신호이다. 왜냐하면 사람들은
당신이 얼마나 자신감이 있는지(의식적으로 혹은 무의식적으로) 실제
로 볼 수 있기 때문이다. 원숭이 무리를 주시하면 원숭이의 몸짓 언
어를 보는 것만으로도 누가 알파 리더$_{alpha\ leader}$(역자 주: 최상의 리더 혹
은 우두머리)인지 재빨리 알아차릴 것이다.

반듯하고 열린 자세, 여유롭고 밝은 표정, 눈 맞춤, 굳은 악수로 자

신감을 쉽게 투영할 수 있다. 주머니에 손을 숨기고, 팔이나 다리를 꼬고, 과도하게 고개를 끄덕이며("내가 얼마나 열심인지 봐!"), 옷이나 머리카락 혹은 코를 만지작거리는 것은 그 반대의 효과를 가져올 수 있다.

여러 리더십 코치들은 좀 더 자신감을 가질 수 있도록 도와주는 '파워 포즈_{power posing}'(역자 주: 당당하게 보이도록 몸짓을 크게 만드는 것으로 허리에 양 손을 올리고 다리를 어깨 너비로 벌린 다음 상체를 편 자세)'의 사용을 권장한다. 이는 1~2분 동안 '강력한' 또는 '확장적인' 자세를 취하는 것이다(예: 회의실에 들어가기 전에 주먹을 들고 큰 소리로 자신에게 '그래 좋아, 난 할 수 있어!'라고 말하는 것).

연구자들이 파워 포즈가 감정과 신체 상태에 미치는 영향에 대해서 아직 의견의 일치를 보이고 있지는 않지만, 그것이 보다 자신감 있는 마음의 상태를 갖게 하는("하면 되겠지."라고 하는) 유용한 도구라고 생각하는 사람들이 꽤 있다.[9]

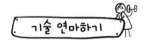

기술 연마하기

목소리를 통해 자신감을 전달하기

다음번에 대화(혹은 프레젠테이션)할 때 목소리를 통해 자신감을 전달하기 위한 다음 팁을 사용하라.[10]

1. **천천히 그리고 분명하게 말하라.** 당신이 말하는 모든 단어가 중요하다는 느낌을 다른 사람들에게 주어라.

2. **일시 멈춤을 사용하라.** 멈춤은 깊고 차분한 숨을 쉴 수 있는 시간을 주고, 당신이 말하는 것이 중요하다는 것을 강조하며, 당신이 방해받지 않을 것이라는 자신감을 보여 줄 것이다.

3. **문장의 끝에 억양을 낮추어라.** 목소리를 높여 한 번 문장을 읽어 보고, 목소리를 낮춰서 한 번 더 읽어 보라. 그러면 즉시 그 차이를 알아차릴 것이다.

자신감을 보여 주는 것에 대한 나의 개인적인 메모

....

....

....

....

....

....

....

....

03 긍정적인 에너지를 퍼뜨려라

What······
긍정적인 에너지를 퍼뜨린다는 것은 무슨 의미인가?

긍정적인 에너지를 퍼뜨리는 것은(그리고 일반적으로 '긍정적인 리더'가 되는 것은) **미래에 대해 낙관적이고 희망적인 것을** 의미한다.[11] 긍정적인 리더는 의도적으로 헌신적이고 열정적인 마음의 상태를 유지하려고 노력할 것이고, 이것은 또한 팀원들을 고취시킬 것이다. 상황이 얼마나 나쁜지 불평하는 대신, '할 수 있다$_{can-do}$'는 긍정의 마인드셋을 채택할 것이고, 위기와 도전을 책임감을 갖고 더 나은 방향으로 변화시킬 수 있는 기회로 볼 것이다.

Why⋯⋯
긍정적인 에너지를 퍼뜨리는 것이 왜 중요한 리더십 기술인가?

리더로서 당신은 팀의 분위기를 조성하려고 한다. 당신이 부정적이거나 심술궂고 짜증나는 사람으로 보이든, 긍정적이고 친절하며 희망적인 사람으로 보이든 간에 주변 사람들에게 큰 변화를 가져다 줄 것이다. 연구자들은 리더의 기분과 감정이 팀에 미치는 전염 효과에 대한 충분한 증거를 발견했고, 리더와 추종자들 간의 감정의 전염은 "리더의 효율성 및 성과와 직접적으로 연관되어 있다."는 것을 관찰했다.[12]

당신은 팀이 헌신적이고, 성취 지향적이고, 해결 지향적이며, 자신감 있게 되기를 원하는가? 그렇다면 리더로서의 당신의 상태는 주변의 모든 사람들에게도 영향을 끼친다는 것을 명심하라. 당신의 개인적인 에너지 수준은 팀의 에너지 수준에 반영될 것이다.

How⋯⋯
긍정적인 에너지를 퍼뜨리려면 어떻게 해야 되는가?

리더가 팀에 긍정적인 에너지의 '슈퍼전파자'가 되기 위해 할 수 있는 일은 다음과 같다.

- 다른 사람들과 상호작용을 시작하기 전에 긍정적인 마음의 상태를 채택하라. 긍정적이고 미래 지향적인 분위기를 만드는 것이 리더

의 일이라는 것을 스스로에게 상기시켜라. 비록 피곤할지라도, 다른 사람들 앞에서 최고의 모습을 보여 주도록 노력하라. 긍정적으로 생각하기로 의식적으로 결정을 내리고, 다른 사람들에게 얼마나 관심을 갖고 있는지 보여 줘라. 때로는 약간의 노력이 필요하지만, 그 대가로 팀으로부터 많은 긍정적인 에너지를 돌려받게 되므로 보상을 받을 수 있다.

- **긍정적인 인정의 힘을 활용하라.** 누군가가 좋은 일을 할 때 주목하고, 그것에 대해 얼마나 인정하고 감사해하는지 말하라. 팀 내에서 성공 사례를 공유하고 칭찬의 힘을 활용하라.

- **긍정적인 말을 사용하라.** '긴장'보다는 '활력이 넘치고' '실패'보다는 '배움이 있고' '스트레스'보다는 '일이 많아서 축복을 받고' '괜찮다'보다는 '훌륭하다'고 말하라.[13] 말은 현실을 규정하는 데 도움이 되는 강력한 도구이다.

- **문제보다는 해결책을 생각하라.** 팀이 진전을 이루는 데 집중하기 위해 "우리가 가능한 최선의 방법으로 이 문제를 해결하려면 어떤 선택을 해야 할까요?" 또는 "이 도전을 돌파하기 위해서 우리는 무엇을 할 수 있을까요?"와 같은 질문을 하라. 아마도 팀이 부정적인 소용돌이 속으로 빠져드는 것을 막기 위해 팀과 '불평하거나 비난하지 않기'로 합의를 할 수도 있을 것이다.

- **웃어라.** 이것은 리더가 긍정적인 에너지를 퍼뜨리기 위한 가장 강력한 도구 중 하나이다. 루이 암스트롱Louis Armstrong과 딘 마틴Dean Martin이 노래했듯이 "당신이 웃으면 온 세상이 당신과 함께 웃는다."

긍정적인 태도를 갖는 것은 의도적인 선택이며, 이러한 선택은 문제를 해결하기 위한 팀의 동기 부여, 관계 형성 및 능력 향상에 엄청난 긍정적인 영향을 미치고, 또한 리더 자신과 팀의 공동 목표를 달성하게 할 수 있다.

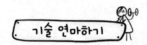

긍정적인 에너지를 퍼뜨리기

다음번에 누군가 또는 무언가가 당신을 짜증나게 해서 당신이 최고의 상태에 있지 않다고 느낄 때, 당신이 다시 긍정적인 정신 상태에 도달할 수 있도록 돕기 위해 다음 단계를 시도해 보라.

1. **심호흡을 하라.** 공기가 어떻게 흘러 들어가고 나오는지 주목하면서 호흡에 완전히 집중하라. 그것이 당신을 세상과, 즉 지금 당장 긍정적인 태도로 긍정적인 영향을 미칠 수 있는 곳과 어떻게 연결되는지 느껴 보라.

2. **당신의 마음을 좋은 것들에 집중하라.** 불편함을 느낄 때, 당신이 가치를 두거나 사랑하는 것들, 즉 사랑하는 사람의 미소, 당신이 자랑스러워하는 능력, 또는 당신이 정말로 고마워하는 것들에 대해 생각해 보라.

3. **긍정적인 자기대화**_{self-talk}**를 사용하라.** "예, 저는 할 수 있어요." "이것은 제가 배울 수 있는 좋은 기회입니다." "저는 최선을 다할 것입니다." 또는 "제가 리더로서 얼마나 관심이 있는지 보여드리겠습니다." 이와 같은 긍

정적인 자기 설득의 말은 당신을 올바른 정신 상태에 들어가도
록 하는 데 도움이 될 수 있다.

4. **웃어라.** 비록 당신이 웃고 싶지 않은 기분일지라도 웃음으로 다
른 사람들에게 친절하고 긍정적인 신호를 보낼 수 있다. 연구
결과에 따르면, 웃음은 실제로 당신 자신의 스트레스 수준도 감
소시킬 수 있다고 한다.[14]

긍정적인 에너지를 퍼뜨리는 것에 대한 나의 개인적인 메모

....

....

....

....

....

....

....

....

04 관심을 갖고 있다는 것을 보여 주어라

What······
관심을 갖고 있다는 것을 보여 준다는 것은 무슨 의미인가?

　관심을 갖고 돌보는 리더로서 당신은 팀원들에게 그들이—'인적 자원'으로서 뿐만 아니라 개인으로서—당신에게 정말 중요하다는 느낌을 주고 그들이 성공하고 번창하기를 바란다는 느낌을 줄 것이다. 『돌봄 리더십의 기술The Art of Caring Leadership』의 저자 헤더 영거Heather Younger는 돌봄 리더십을 "우리가 이끄는 사람들에게 관심과 친절을 보여 주는 방식으로 일상의 행동을 취하는 것"라고 정의한다.[15]

Why⋯⋯
관심을 갖고 있다는 것을 보여 주는 것이 왜 중요한 리더십 기술인가?

상사가 관심을 갖고 돌보지 않았기 때문에 직장을 그만 둔 사람들의 이야기는 수없이 많다. 의심할 여지없이, 당신은 절대 그런 상사가 되고 싶지 않을 것이다!

관심을 갖고 돌보는 리더로서 당신은 팀원들이 지지받고, 인정받고, 가치 있다고 느끼도록 최선을 다할 것이다. 사람들이 가치 있다고 느낄 때, 이는 그들이 직장을 떠날 가능성을 낮출 뿐만 아니라 직장에서의 참여와 몰입에도 영향을 미칠 것이다. 연구자들은 자비로운 리더십과 추종자들의 성과 수준 간에는 연관이 있다는 증거를 발견하였다.[16] 멜리사 휴스턴Melissa Houston 이 『포브스Forbes』 기사에서 쓴 것처럼 "직원들의 대우와 그들의 생산성 간에는 직접적인 상관관계가 있다."[17]

How⋯⋯
관심을 갖고 있다는 것을 보여 주려면 어떻게 해야 되는가?

당신이 관심을 갖고 돌보는 리더가 되기 위해 노력할 때는 무엇보다도 **관심이 없고 돌보지 않는 리더가 되는 것을 피하고** 싶어 할 것이며, 헤더 영거에 따르면 다음과 같은 일을 하지 않을 것임을 의미하는 것이다.[18]

- 직원의 요청에 응답하지 않는다.
- 지나친 통제와 감독으로 사람들을 사사건건 관리한다.
- 팀원들에게 자신의 경력을 성장시키고 발전시킬 수 있는 기회를 주지 않는다.
- 편애한다.
- 사람들이 어떻게 느끼는지가 아니라 성과 목표에 관심을 기울인다.
- 다른 사람들에게 당신이 '상사'라고 느끼도록 한다(예: 회의에서 그들에게 발언권을 주지 않거나 그들이 말하는 동안 그들을 방해한다).

관심을 갖지 않고 돌보지 않는 것을 피하는 것은 좋은 첫걸음이지만, 진정으로 관심을 갖고 돌보는 리더로 보이고 싶다면 다음과 같이 **적극적으로 관심을 갖고 돌보는 행동**으로 보완할 필요가 있다.[19]

- 팀원들이 무언가를 필요로 할 때 **적시에 응답**해 준다.
- **시간을 내어 팀원들이 어떻게 지내는지**, 주말 동안 무엇을 즐겼는지, 가족들이 잘 지내고 있는지 물어보라. 사무실 밖에서도 삶을 살아가는 온전한 사람으로서 그들에게 관심이 있다는 느낌을 주어라.
- **팀원들에게 조언을 구하고** 그들을 의사결정 과정에 참여시키라. 목소리를 낸 사람들은 결정에 더 전념하는 경향이 있다. 그들에게 자신의 의견이 중요하다고 느끼게 해 주어라.
- **사람들에게 완전히 주의를 기울이고 집중해서 경청하라**(또한 기술 01 리

더십 존재감을 키우라와 기술 14 적극적 경청을 연습하라 참조). 심지어 그들이 말할 때 그들이 말하는 것에 대해 얼마나 관심을 기울이 지는 보여 주기 위해 메모를 할 수 있다.

• **팀원들에게 힘을 실어 주어라.** 뚜렷한 목적과 분명한 기대의 경계 내에서, 그들에게 절대적인 신뢰를 보내고 그들 스스로 결정하 고 그들만의 방식으로 일을 할 수 있는 자율성을 부여하라. 그 들이 후원받는 대신 독립적으로 생각하고 행동할 수 있는 기회 를 갖도록 하라.

주의를 기울이고 관심을 갖고 돌보는 리더로서 당신은 또한 누군 가가 몸이 좋지 않아서 최고의 성과를 낼 수 없을 때도 알아차릴 수 있을 것이다. 우리 모두는 기복이 있고 상황이 좀 더 어려워질 때, 동정심을 가지고 우리를 지지해 주는 사람들을 필요로 한다.

기술 연마하기

관심이 많다는 것을 보여 주기

다음번에 팀원과 일대일 미팅을 할 때, 미팅 중에 당신이 그들에 게 관심을 갖고 있다는 것을 보여 주도록 노력하라. 그들에게 어떻 게 지내는지 물어보고, 그들의 업무 우선순위와 사생활 모두에 관심 을 보여 주어라. 그들의 신념, 생각, 열정 또는 두려움을 정말로 이 해하고 소중히 여겨라. 그들에게 주의를 집중시킴으로써 그들이 지 금 이 순간 당신에게 가장 중요한 사람이라고 느끼게 하라.

관심이 많다는 것을 보여 주는 것에 대한 나의 개인적인 메모

....

....

....

....

....

....

....

....

....

....

....

....

....

05 성장 마인드셋을 기르라

What……
성장 마인드셋을 기른다는 것은 무슨 의미인가?

　성장 마인드셋growth mindset은 항상 적절한 헌신과 신중한 연습을 통해 자신의 능력을 더 높은 수준으로 발전시킬 수 있다는 믿음이다. 그 반대는 고정 마인드셋fixed mimdset으로, 이는 사람들이 변화시키거나 향상시킬 수 없는 타고난 재능, 능력 및 지능을 갖고 있다는 믿음이다.[20]

　(역자 주: 마인드셋이란 개념은 스탠퍼드 대학교 교수 캐롤 드웩Carol Dweck이 제시한 것으로 심적 경향이나 태도, 믿음, 마음가짐 혹은 사고방식을 의미한다. 드웩은 사람이 스스로를 바라보는 두 종류의 마인드셋이 있다고 주장한다. 하나는 자신의 자질과 능력이 돌에 새긴 듯 이미 일정한 수준으

로 정해져 있다고 믿는 고정 마음드셋이고, 다른 하나는 자질과 능력을 포함해 자신이란 존재는 노력과 학습을 통해 지속적으로 향상될 수 있다고 믿는 성장 마인드셋이다.

고정 마인드셋은 역경의 순간에 비관적으로 해석하고, 이는 아예 도전 상황을 회피하거나 포기하는 행동으로 이어지는 반면, 성장 마인드셋은 역경의 순간에 낙관적으로 해석하고, 이는 다시 끈기 있게 새로운 도전을 추구하는 행동으로 이어져 결국 더 강한 사람으로 만들어 준다.)

리더로서 성장 마인드셋을 기르기 위한 두 가지 방법이 있다. 첫째, 자기 자신을 위해 자신의 리더십 기술을 매일 지속적으로 향상시키기 위해 전념하는 것이다. 둘째, 팀원들을 위해 그들에게 새로운 기술을 배우고 개발하는 능력이 있다고 믿고 성장할 수 있는 기회를 제공하는 것이다.

Why……
성장 마인드셋을 기르는 것이 왜 중요한 리더십 기술인가?

연구 결과에 따르면, "리더십 역량의 향상은 관리자가 성장 마인드셋을 가질 때 더 많이 발생하기 쉽다."[21] 만일 리더로서 성장하는 것이 가능하다고 믿는다면, 의식적으로 새로운 접근법을 시도하거나(이 책에서 발견할 수 있는 접근법과 같은), 성찰하거나, 학습하는 등 리더십 기술을 향상시키는 데 더 많은 노력을 기울일 것이라는 점은 사실 꽤 논리적인 것이다. 그것은 거의 필연적으로 더 나은 리더가 되도록 도움이 될 것이다. 자기 자신에 대해 어떻게 생각하는지는 자신의 성과뿐만 아니라 행동에도 큰 영향을 미칠 것이다. 성장할 수 있다고 믿으면, 실제로 성장할 수 있는 올바른 것들을 하기 시작할 것이다.

팀원들에 대해서도 마찬가지이다. 만일 당신이 그들의 발전 능력을 믿는다면, 그들에게 올바른 발전 기회를 제공하기 시작할 것이다(또한 **기술 43 도전적 과제를 제공하라** 참조). 그리고 팀 전체가 성장하는 것을 보는 것도 당신의 기분을 좋아지게 할 것이다.

How⋯⋯
성장 마인드셋을 기르려면 어떻게 해야 되는가?

스스로 성장 마인드셋을 갖추기 위한 세 가지 핵심 단계는 다음과 같다.

- **자신의 학습 능력을 믿어라.** 자신의 현재 기술이 어떻든 간에, 충분히 노력할 의지가 있으면 언제나 높은 수준에 도달할 수 있다. 문장 끝에 '아직'이라는 단어를 추가하는 것을 습관화하여, 예를 들어 '**제가 발표를 잘 못합니다**'가 '**제가 아직은 발표를 잘 못합니다**'가 되도록 하라.
- **도전을 받아들여라.** 모든 어려운 상황에서, 심지어 어떤 사람들이 '실패'라고 일컫는 것에도, 자기발전을 위한 기회가 있다. 그러니 도전을 피하려고 하지 마라. 안전지대$_{comfort\ zone}$(역자 주: 심리적으로나 물리적으로 편안함과 안정감을 느끼는 상황이나 영역)를

떠나 대신 적극적으로 도전을 찾아보라! 도전은 당신의 기술을
다음 단계로 발전시킬 것이다.

- **배움의 과정을 즐겨라.** 물론 관리자 혹은 리더로서 당신은 결과
에 집중해야 한다. 하지만 동시에 성공으로 가는 길에 좌절이나
장애물이 있을 때에도, 그 길에서 경치를 즐기는 것을 잊지 마
라(역자 주: 비비안 그린_{Vivian Greene}이 "인생은 폭풍우가 지나가기를 기
다리는 것이 아니라 빗속에 춤추는 법을 배우는 것이다."라고 말했듯
이). 무엇을 개선할 수 있고 어떻게 개선할 것인지에 대해 생각
하고, 그것을 시도해 보고, 도중에 배우며, 학습 여정에서 이루
어지고 있는 진전을 축하하라.

개인적 성장 마인드셋을 개발하기 위해 노력하는 것은 팀원들의
학습 능력을 믿고, 그들이 성장할 수 있는 도전 과제를 제공하며, 성
취 결과만큼이나 학습 진전 상황도 인정하고 높이 평가하는 팀 리더
로서의 역할로도 해석될 수 있다.

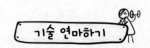

성장 마인드셋을 기르기

매일 해야 할 일을 작성할 때, 스스로 **그날의 학습 목표를 하나** 설정
하라. 예를 들어, 팀원과 일대일 회의를 계획하고 있다면 적극적인
경청 기술을 연습하는 목표를 스스로 설정할 수 있다. 아마도 당신
은 다음 팀 미팅에서 프레젠테이션 기술을 향상시키기 위한 몇 가지

전략을 시도하거나 의사결정 과정에서 새로운 도구를 사용하고 싶을 것이다(이 책에서도 리더로서 학습하거나 향상시킬 수 있는 것에 대한 다른 아이디어를 많이 찾을 수 있을 것이다).

매일의 학습 목표를 명시적으로 설정하면 학습을 위한 마음의 준비가 될 것이다. 그것은 매일 새로운 것을 의도적으로 배울 수 있고, 항상 개선과 성장의 여지가 있음을 상기시켜 줄 것이다.

매일의 학습 목표를 설정하는 것 외에도 **학습일지**_{learning diary}를 작성하라. 몇 분 정도 시간을 내어 '오늘의 배움 1위'를 적어 보라. 그것은 매일의 학습 목표와 연결될 수 있지만, 또한 그날 배운 다른 것일 수도 있다. 학습한 주요 내용을 매일 적는 것은 개인적인 리더십 슈퍼파워를 개발하기 위한 여정에서 이루고 있는 진전에 대해 스스로 칭찬하는 방법이다. 그것은 또한 매일매일 자신을 향상시킬 수 있는 능력을 강력하게 상기시켜 줄 것이다.

성장 마인드셋을 기르는 것에 대한 나의 개인적 메모

....

....

....

....

....

06 자신의 감정을 조절하라

What⋯⋯
자신의 감정을 조절한다는 것은 무슨 의미인가?

감정 조절은 **자신의 감정을 인식하고 관리**하며, 두려움과 불안을 억제하고, 자신의 감정 상태를 다른 사람들에게 드러내고 싶은(또는 드러내고 싶지 않은) 정도를 의도적으로 결정하는 능력이다.[22] 감정을 조절할 수 있는 것은 감정을 완전히 억제하는 것이 아니라 내면에서 필연적으로 발생하는 감정에 어떻게 반응해야 할지를 의식적으로 결정하는 것을 의미한다.

Why……
자신의 감정을 조절하는 것이 왜 중요한 리더십 기술인가?

리더십 역할을 하다 보면 감정을 느낄 수 있는 기회가 많다. 일이 계획대로 풀리지 않을 때, 다른 사람들이 약속을 지키지 않을 때, 또는 갈등 상황에서 팀원들이 감정적으로 변했을 때 좌절하거나 분노하기 쉽다(부정적 감정은 점염성이 강해질 수 있으므로).

우리 모두는 감정적인 존재라는 사실을 직시하자. 인간으로서 우리는 경험하는 무언가에 대해 이성적으로 사고할 수 있기 전에 항상 감정을 경험하는 방식으로 고정되어 있다. 그것은 자동적인 반응, 즉 우리의 뇌가 작동하는 방식이다. 그러나 우리가 영향을 행사할 수 있는 것은 우리가 경험하고 있는 감정을 다루는 방식이고, 이것은 우리가 다른 사람들에게 보이는 방식에 큰 변화를 가져올 수 있다.

이상적으로 리더로서 당신은 **스트레스를 받는** 상황에서 **침착함을 유지하고 긍정적인 전망을 유지**할 수 있는 사람으로 보이고 싶어 할 것이다. 그렇게 하면 팀원들에게 안전감이 생길 것이다. 어려운 결정을 내릴 때 침착함을 유지하고, 감정적으로 격앙된 갈등 상황에서 적절한 해결책을 찾아내고, 감정적인 폭발로 다른 사람들을 위협하는 것을 피하고, 자신의 걱정과 두려움으로(그래, 우리 모두에게는 걱정과 두려움이 있다!) 팀원들을 전염시키지 않는 이러한 것들이 모두 사람들이 리더에게서 찾는 매우 중요한 자질이다.

이 세상의 다른 모든 리더들과 마찬가지로, 당신도 감정을 갖게 될 것이다. 그렇지만 효과적인 리더로서 당신은 감정에 의해 통제를 받는 것이 아니라 감정을 스스로 통제하에 두는 것을 배우게 될 것이다.

How……
자신의 감정을 조절하려면 어떻게 해야 되는가?

올림픽 챔피언부터 리버풀 FC의 축구 스타에 이르기까지 많은 최고의 성과를 낸 컨설턴트 정신과 의사 스티브 피터스_{Steve Peters} 교수는 우리 내면의 '침팬지'(그가 우리 뇌 속의 감정 체계라고 일컫는 것)를 관리하기 위해 다음과 같은 제안을 하고 있다.[23]

1. **생각이 감정 체계에 의해 납치되고 있을 때를 인식하라**('이런 감정을 갖고 싶은가?' 하고 스스로에게 물어보고, 그 대답이 '아니요'라고 한다면 그것은 다루고 싶은 감정이다). 예를 들어, 당신이 부정적인 감정을 강하게 느낄 때, 당신의 마음에 그 감정에 대한 반응을 바꿀 의도가 있다는 신호를 보내기 위해 '멈춤_{STOP}'이나 '변화_{CHANGE}'와 같은 단어를 말하도록 당신 스스로를 훈련시킬 수 있다.

2. **감정을 표현하라.** '당신의 가슴에서 감정을 꺼내면' 내면의 '침팬지'를 진정시키는 데 도움이 된다. 이상적으로는 팀원들 앞에서 감정을 표현하는 것이 아니라, 개인적으로(그래서 먼저 상황에서 벗어나는 것이 합리적일 수 있다), 또는 옆에 신뢰할 수 있는 적절한 사람과 함께 감정을 표현하는 것이 가장 좋다. 당신이 감정을 드러내지 않고서는 특정한 문제에 대해 이성적으로 생각하는 것은 거의 불가능하다(그런데 당신이 감정이 격해지고 있는 다른 사람들과 의사소통을 할 때 이 점을 기억하는 것도 중요하다).

3. **관점을 바꾸어라.** '이것이 지금으로부터 몇 년 후에 얼마나 중요하게 될까?' 혹은 '내가 통제할 수 없는 것들에 대해 정말로 걱

정할 필요가 있을까?'와 같은 질문을 당신 스스로에게 물어보라. 비록 당신이 상황을 바꿀 수 없을지 모르지만 적어도 그것에 대한 당신의 태도를 바꿀 수는 있다.

4. **'왜(이유)' 대신 '어떻게(방법)'를 물어보라.** 왜 항상 자신에게 이런 나쁜 일들이 일어나는지 반추하지 말고, 자신의 감정을 어떻게 다룰 것인지, 그리고 앞으로 어떻게 나아갈 것인지에 대한 계획을 세워라. 당신의 계획에 대해 대화할 수 있다고 믿는 사람을 찾아라. 대화를 하는 것은 스트레스와 부정적인 감정에 대처하는 것을 도와 줄 수 있다.

5. **웃어라.** 어떤 상황이 삶 전반에 큰 영향을 미치지 않는 한, 웃는 것은 당신 자신을 다시 긍정적인 정신 상태로 만드는 '비밀병기'가 될 수 있다(또한 **기술 03 긍정적인 에너지를 퍼뜨려라** 참조).

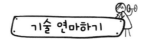

기술 연마하기

자신의 감정을 조절하기 위한 계획 세우기

부정적인 감정이 갑자기 생겼을 때 어떻게 대처할 것인지 계획을 세워 보라. 무엇을 할 것인지 적어 본 다음 마음속으로 시연해 보라.[24] 속도를 조금 늦추도록(예: 스스로에게 '멈춰$_{STOP}$'라고 말하거나 심호흡을 함으로써) 어떻게 스스로에게 상기시켜 줄 것인가? 감정을 어떻게 표현할 것인가? 관점을 바꾸도록 스스로에게 무엇을 요구할 것인가?

마음속으로 무엇을 할지 여러 번 연습하여 감정이 격해진 다음번

상황에서 계획에 따라 행동할 준비가 잘 되도록 하라.

자신의 감정을 조절하는 것에 대한 나의 개인적인 메모

....

....

....

....

....

....

....

....

....

....

....

07 자신의 가치를 알라

What……
자신의 가치를 안다는 것은 무슨 의미인가?

가치$_{values}$는 **삶과 일에 있어서 무엇이 중요**하고 무엇이 바람직하거나 바람직하지 않은지에 대해 당신(혹은 다른 사람들)이 갖고 있는 지속적인 신념이다. 우리의 가치는 우리의 선택과 행동에 강한 영향을 미친다. 우리는 가치를—의식적으로나 무의식적으로—결정을 내리고, 우리의 행동을 정당화하고, 우리가 혹은 다른 사람들이 어떻게 행동해야 하는지를 판단하는 데 사용한다.[25]

가치는 보통 사회화의 과정에서, 즉 우리 주변의 다른 사람들(우리의 첫 양육자부터 현재의 동료 직원까지)이 수용할 수 있다고 생각하는 것과 그렇지 않다고 생각하는 것을 학습함으로써 발달된다. 우리 모두가 다른 환경에서 사회화되었기 때문에 우리의 개인적 가치와 집단적 가치는 상당히 다를 수 있다.

당신의 가치를 명시적으로 밝히면 리더십 역할에 많은 도움이 될 수 있다. 즉, 당신이 더 나은 결정을 내리는 것뿐만 아니라(자신에게 중요한 것과 그렇지 않은 것을 알면 훨씬 결정이 쉬워진다) 팀을 위해 방향성을 제공하는 데도 도움이 될 수 있다. 팀원들이 당신의 입장과 지지하는 바가 무엇인지 알면 훨씬 더 당신과 당신의 행동을 이해할 것이다.

Why……
자신의 가치를 아는 것이 왜 중요한 리더십 기술인가?

당신이 자신의 가치가 무엇인지 알면 당신과 팀을 더 명확하게 이끌도록 해 줄 것이다. 가치는 특히 어려운 상황에서 당신과 팀원들에게 올바른 방향을 보여 주는 나침반의 역할을 할 수 있다. 당신의 가치를 명시적으로 밝힌다면, 왜 특정한 방식으로 결정하거나 행동하는지, 이것이 왜 당신과 조직을 위해 중요한 것인지를 이해하기가 더 쉬워질 것이다.

당신이 자신의 가치에 따라 살다 보면 **진정한 리더**authentic leader의 모습을 보이게 될 것이다. 당신이 강한 윤리적 가치를 갖고 있으면 또한 높은 **정직성**integrity을 전달하게 될 것이다. 진정성과 정직성은 모두 존경받는 리더의 중요한 특성이다.

당신의 개인적 가치를 아는 것은 또한 당신이 속해 있는 조직의 핵심 가치와 비교할 수 있게 해 줄 것이다. 당신의 개인적 가치와 조직의 가치가 서로 일치하는지 확인해 보라. 아무튼 당신이 리더로서 그렇게 하지 않는다면 팀원들이 조직의 가치를 믿고 따라야 할 이유가 없지 않은가?

How......
자신의 가치를 알려면 어떻게 해야 되는가?

다음 세 단계는 자신의 가치를 더 잘 이해하는 데 도움을 줄 수 있다.

1. **자신의 가치를 확인하라.** 자신에게 정말 중요한 가치가 무엇인지 확인하기 위한 여러 방법이 있다. 자신을 정말 행복하게 만드는 것이 무엇인지, 스스로에 대해 정말 자랑스러워했을 때가 언제인지, 또는 삶에 의미를 주는 것이 무엇인지에 대해 생각해 보라. 당신은 자신이 가장 존경하는 인물에 대해 왜 존경하는가? 또는 종합적인 가치 목록을 살펴보고 당신에게 가장 중요한 가치를 선택해 보라(다음 페이지의 실전 연습 참조).
2. **자신의 가치의 우선순위를 정하라.** 만일 자신에게 가장 중요한 두 가지 가치를 확인했다면 가치의 무게를 서로 비교해 보라. 어느 것이 당신에게 더 중요한가? 두 가지 가치가 서로 갈등을 일으킬 때 어떤 것을 우선시해야 하는지를 당신이 알 수 있도록 가치의 순위를 매겨라.
3. **자신의 가치를 시험해 보라.** 가장 존경하는 사람에게 자신의 가치

를 말하는 것이 편안한지 스스로에게 물어보라. 그리고 당신의 선택이 당신을 인기 없게 만들고 소수자로 만들 때에도 여전히 이러한 가치를 지지할 것인가?[26]

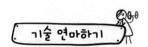

자신의 가치를 알기

다음 가치 목록을 살펴보라. 당신이 개인적으로 가장 중요하다고 생각하는 다섯 개의 가치를 골라 동그라미를 쳐라. 또한 목록의 아래 선에 추가적인 가치를 보탤 수 있다.

성취	협력	개선	인정
진급	용기	독립성	책임
진정성	공감	개성	서비스 지향성
자율성	평등	영향력	지위
균형	탁월함	혁신	성공
타인을 돌봄	공정성	진실성	지속가능성
공동체	유연성	낙관주의	투명성
연민	조화	권력	재산
능력	정직	전문성	승리
신뢰성	겸손	품질 지향성	지혜

_____ _____ _____ _____

_____ _____ _____ _____

위 목록에서 선택한 다섯 개의 가치를 가져오라. 이 가치들이 당

신에게 얼마나 중요한지에 따라 1부터 5까지 순위를 매겨 보라. 가
장 중요한 것을 1로 시작하라.[27]

나의 가치를 아는 것에 대한 나의 개인적인 메모

....

....

....

....

....

....

....

....

....

....

....

08 전적으로 헌신하라

What……
전적으로 헌신한다는 것은 무슨 의미인가

헌신한다는 것은 특정 목적을 위해 전념하고 몰두하겠다고 다른 사람과 당신 자신에게 **약속하고, 이 약속을 지키겠다고 결심하는 것**을 의미한다.[28]

헌신commitment은 항상 두 부분으로 구성되어 있다. 첫째는 **목표지향성**으로, 이것은 팀이나 조직에 중요한 특정 목표를 달성하기 위해 필요한 일을 하겠다는 결정이다. 둘째는 어떤 어려움에 처하더라도 **포기하지 않고**, 목표 달성의 과정에서 겪는 모든 어려움과 장애물에 대한 해결책을 찾기 위해 **최선을 다하고자 하는 다짐**이다.

진정한 헌신은 단순히 말로만 하는 것이 아니라 리더로서 직접 행동을 보이는 것이다. 당신은 장애물이나 저항에 직면할 때 기꺼이 희생하겠는가? 좌절에 직면하더라도 계속해서 목표를 추구하겠는가? 약속을 지키겠는가?

Why……
헌신하는 것이 왜 중요한 리더십 기술인가?

헌신은 중요한 대의의 성공을 보장하기 위해서 많은 시간과 에너지를 기꺼이 바치겠다는 뜻이다. 어떤 일에 헌신하지 않고 리더가 되는 것은 사실상 불가능하다. 리더가 가치 있는 대의에 대한 헌신하는 모습을 보이고 있지 않다면, 어느 누가 리더를 따르고 싶어 하겠는가.

당신이 리더로서 다른 사람들에게 영감을 주는 것은 **헌신**과 그것의 훨씬 더 강렬한 쌍둥이 격인 **열정**을 통해서이다. 어떤 일에 전적으로 투신할 때, 당신은 긍정적이고 목표지향적인 에너지를 만들어 낼 것이다. 당신의 정신 상태는 주변 사람들에게 영향을 미칠 것이다. 팀이 리더의 에너지를 느낄 때 적극 반응할 것이고, 이에 당신은 목표를 향해 추진력을 만들어 낼 수 있을 것이다.

연구자들은 리더의 일에 대한 열정과 특정 목표를 향해 일하는 데 시간과 에너지를 투자하려는 팀원들의 성향 사이에 **감정의 전염효과** emotional contagion effect에 대한 증거를 발견했다. 그러나 이러한 '헌신의 전이효과 commitment transfer effect'의 강도는 리더의 목표가 팀원들에게도 중요한 정도인 이른바 '목표 내용 일치'에 의해 영향을 받는다.[29]

어떤 목표나 대의에 대한 높은 수준의 헌신은 팀원들에게 긍정적인 영향을 미칠 뿐만 아니라 당신에게도 어려움에 직면했을 때 포기하지 않고 지속하며, 목표를 고수하여, 결국 그 목표나 대의를 달성할 기회를 향상시키도록 도와줄 것이다.

How……
전적으로 헌신하려면 어떻게 해야 되는가?

특정 목표에 온전히 헌신하기 위해서 다음의 네 단계를 취할 수 있다.

1. **따라야 할 가치가 있는 목표를 설정하라.** 당신은 무엇을 성취하고 싶은지, 그리고 또한 그것이 당신을 위해, 팀을 위해, 그리고 조직을 위해 왜 중요한지 알아야 한다. 당신 자신에게 (그리고 다른 사람들에게) '이유'를 상기시키는 것은 당신이 계속 헌신할 수 있도록 도와줄 것이다.

2. **목표를 달성하기 위해 당신이 무엇을 해야 하는지 이해하라.** 헌신하는 것은 결국 당신의 행동에 관한 것임을 기억하라. 당신이 해야 할 일, 즉 당신이 성취하고 싶은 것을 얻기 위해 어떤 행동을 할 것인지를 정확하게 인지하라. 일어날 수 있는 어려움과 장애물을 확인하고, 이를 극복하기 위한 계획을 세워라.

3. **당신 스스로 책임을 져라.** 목표를 실현하기 위해 당신이 어떤 조치를 취할 것인지 다른 사람들에게 말하거나, 최소한 무엇을 언

제 할 것인지 적어서 스스로 책임을 지도록 하라. 정기적으로 당신의 진행 상황을 확인하라(또는 특정 기한에 당신의 진행 상황을 확인하도록 다른 사람들과 합의하라).

4. **작은 승리를 축하하라.** 예를 들어, 목표를 달성한 것뿐만 아니라 목표에 더 가까워지기 위해 해야 할 올바른 일을 수행한 것에 대해 칭찬이나 작은 축하로 당신 자신과 팀원들에게 보상하라.

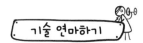

전적으로 헌신하며 지내기

헌신하기 위한 첫 번째 부분, 즉 목표를 세우고 그것을 달성하기 위해 필요한 모든 행동을 취할 것이라고 당신 스스로에게 약속하는 것은 헌신의 여정에서 더 쉬운 일이다. 두 번째 부분, 즉 당신이 방해, 장애물, 반대 또는 다른 어려움에 직면했을 때에도 헌신을 유지하는 것은 헌신의 여정에서 훨씬 더 어려운 일이다.

다음번에 당신이 스스로 중요한 목표를 세울 때, 다음 두 가지 **헌신 부스터**$_{\text{booster}}$를 사용해 보라.[30]

1. **헌신 추적기**를 사용하라. 가장 간단한 형태로 말하면, 헌신했을 때 매일 표시하는 달력일 뿐이다. 당신은 하루를 마감할 때 스스로 책임을 져야 한다는 것을 알고 있다. 상자 안의 × 표시의 수는 당신이 얼마나 헌신을 성공적으로 했는지 한눈에 보여 줄 것이다.

2. **헌신 파트너**를 구하라. 친구, 동료 또는 다른 신뢰할 수 있는 사
   람에게 당신이 무엇을 할 것인지, 그리고 언제 그들에게 헌신을
   했는지의 여부를 보고할 것인지 말하라.

전적으로 헌신하고 헌신을 유지하는 것에 대한
나의 개인적인 메모

....

....

....

....

....

....

....

....

....

09 회복탄력성을 가지라

What⋯⋯
회복탄력성을 가진다는 것은 무슨 의미인가?

회복탄력성resilience은 어려운 일이 발생한 후 **긍정적인 마음의 상태로** 돌아갈 수 있는 능력이다(역자 주: 심리학에서 회복탄력성이란 크고 작은 다양한 역경과 시련과 실패에 대한 인식을 도약의 발판으로 삼아 더 높이 뛰어오를 수 있는 마음의 근력을 의미함). 당신이 회복탄력성을 갖춘 리더라면 도전적인 환경에 적응하고 실패와 실망으로부터 다시 **원상 복귀**할 수 있다.

일이 계획대로 되지 않을 때 처음엔 불안하고 걱정스럽고 좌절하는 것은 아주 정상적인 것이다. 그러나 당신이 이 어려운 상황을 어떻게 대처하느냐, 즉 스스로 끌어내려 가엾게 느낄 것인지, 아니면 고개를 높이 들고 다시 최고의 모습을 보여 줄 것인지는 당신의 선택에 달려 있다.

Why······
회복탄력성을 가지는 것이 왜 중요한 리더십 기술인가?

리더는 누구나 예상치 못한 장애물이나 어려움에 직면한다. 인생은 마찰로 가득 차 있다. 모든 일이 항상 자신이 원하는 대로 진행될 것이라고 기대할 수 없다. 리더로서 당신은 갈등 상황이나 당신이 하는 일을 좋아하지 않는 사람들, 혹은 당신의 목표 달성을 더욱 어렵게 만들거나 심지어 불가능하게 만드는 예상치 못한 사건에 직면하게 될 것이다. 좋은 시기와 나쁜 시기가 있으며, 특히 나쁜 시기에는 진정한 리더십 자질을 보여 줄 때이다.

당신이 위기 상황 중에 어떻게 행동하느냐는 팀원들에게 분명한 시그널을 보낼 것이다(당신이 원하든 원하지 않든 그들은 항상 당신을 지켜보고 있다). 만일 당신이 좌절하는 모습을 보인다면, 그들 또한 좌절하게 될 가능성이 높다. 긍정적으로 전망하고, 롤 모델이 되고, 스트레스와 힘든 상황에 대처할 수 있다는 것을 보여 주고, 다시 앞으로 나아가는 것이 리더로서 당신의 책임이다.

How......
회복탄력성을 가지려면 어떻게 해야 되는가?

보다 회복탄력적인 리더가 되기 위해 할 수 있는 일은 다음과 같다.

- **마찰을 예상하라.** 모든 것이 항상 계획된 대로 될 것이라고 가정하지 마라. 역동적이고 불확실한 세상에서 모든 것을 통제하는 것은 불가능하다. 어려운 상황이 발생될 것이라고 예상하라. 그러면 그 상황을 대처할 준비를 더 잘하게 될 것이다(발생할 가능성이 가장 높은 어려움에 대한 계획을 준비하는 것이 이상적이다).
- **당신이 바꿀 수 없는 것을 수용하라.** 우리가 통제할 수 있는 일들이 있다. 우리는 이런 것들을 더 좋게 만들 힘이 있기 때문에 걱정할 필요가 없다. 우리는 긍정적인 방향으로 나아가기 위해 조치를 취할 수 있기 때문이다. 반면, 우리가 통제할 수 없는 일들도 있다. 우리는 그 상황을 바꿀 수 없기 때문에 이 또한 걱정할 필요가 없다(더 열심히 걱정한다고 해서 달라지는 것은 없다). 이런 경우에는 일어난 일을 그냥 받아들이는 것이 상책이다.
- **나쁜 상황은 없고 새로운 상황만 있다고 스스로에게 말하라.** 그리고 이러한 새로운 상황에서는 항상 최선을 다하는 것이 리더로서 당신의 책임이라고 여겨라. 부정적인 내용을 퍼뜨리는 데에는 변명의 여지가 없다. 모든 상황에서 최선을 다하는 것이 당신이 리더로서 지금 존재하고 있는 이유이다.
- **역경을 기회로 삼아라.** 역경과 위기에는 반드시 기회도 숨어 있다는 것을 인식하라(역자 주: '재앙과 근심 걱정이 바뀌어 오히려 복이

되다'라는 의미의 '전화위복_{轉禍爲福}'이란 한자성어가 있듯이 말이다). 모든 실수나 실패는 배우기 위한 좋은 기회이다. 모든 장애나 좌절은 당신의 헌신과 일관된 당당함을 보여 줄 기회이다. 결국, 성공은 모든 목표를 달성하는 데 있는 것이 아니라 당신의 가치에 따라 생활하는 데 있다.

리더십 전문가 존 막스웰_{John Maxwell}은 자신의 저서 『어떻게 배울 것인가_{Sometimes You Win, Sometimes You Learn}』에서 "만일 당신이 손실로부터 결과적으로 무언가를 배운다면 그 손실은 손실이 아니다."[31]라고 말한다. 당신은 패배자가 되고 싶은가, 아니면 학습자가 되고 싶은가? 그것은 당신의 선택에 달려 있다. 당신이 리더십 역할에서 장애물과 어려움에 처했을 때 매번 새롭게 할 수 있는 선택 말이다.

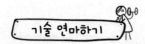

개인적 회복탄력성을 키우기 위한 계획

준비된 마음으로 역경에 직면하는 것은 언제나 더 쉬울 것이다. 다음 단계는 회복탄력성을 키우기 위한 계획을 개발하는 데 도움이 될 것이며, 이 계획을 당신의 다음 위기 상황에 적용할 수 있다.

1. **당신이 이전의 도전들을 어떻게 해결했는지로부터 배워라.** 당신의 인생에서 이미 상당한 장애나 좌절을 경험했던 곳을 상기해 보라. 무엇이 당신이 그 도전을 극복하도록 도왔는가? 극복하도

록 도와준 세 가지 다른 범주, 즉 당신을 지지해 주었던 사람들 people, 보다 긍정적인 기분으로 돌아가도록 도움을 주었던 생각 들 thoughts, 그리고 그 상황에 대처하기 위해 취했던 행동들 actions 을 이용하라(아마도 당신 자신을 그 상황으로부터 거리를 두고, 그것에 대해 반성적 일기를 쓰거나, 그저 오랜 산책을 한 것이 도움이 되었을 것이다). 또한 도전으로부터 당신이 배운 것과 발생한 새로운 기회에 대해 생각해 보라.

2. **당신이 배운 것을 다음 위기 상황에 대처하기 위한 계획을 개발하는 데 이용하라.** 당신이 어떤 사람에게 지지를 요청할 것인지, 어떤 사고 전략(예: 그 상황을 '나쁜' 것으로 보기보다는 오히려 '새로운' 상황으로 보기)을 사용할 것인지, 다시 긍정적인 마음 상태로 돌아가기 위해 어떤 행동을 취할 것인지 적어 보라.

회복탄력성을 가지는 것에 대한 나의 개인적인 메모

....

....

....

....

....

10 자기성찰을 습관화하라

What·······
자기성찰이란 무슨 의미인가?

자기성찰(혹은 '개인적 성찰')은 시간을 들여 자신의 행동, 생각, 태도, 동기 및 욕구에 대해 생각하고, 명상하고, 평가하며, 진지하게 생각하는 것이다. 리더십과 관련해서는 리더십 역할의 효과성을 증진할 목적으로 **리더로서 자신의 태도와 행동 및 경험을 의식적으로 바라보고, 그것에 대해 생각하며, 그것으로부터 배우는** 과정이다. 자기성찰은 리더로서 배우고, 자기 자신을 발전시키며, 성장시키기 위한 가장 중요한 방법 중 하나이다.

Why......
자기성찰이 왜 중요한 리더십 기술인가?

연구자들은 "성찰의 습관이 비범한 전문가와 평범한 전문가를 구분할 수 있다."[32]는 것을 발견했다.

비범한 전문가들은 때때로 '잠시 멈춤' 버튼을 누르는 것의 가치를 알고 있다. 그들은 바쁜 일정 속에서도 자신의 행동과 결과를 의도적으로 반성하기 위해 정기적으로 타임아웃$_{time-out}$을 가진다. 이러한 타임아웃을 하는 동안에 그들은 일이 잘된 것은 무엇이고 그 이유가 무엇인지, 그리고 보다 더 중요한 것은 어떤 행동이 바람직한 결과로 이어지지 않았고, 장차 개선해야 할 점이 무엇인지에 대해 생각한다.

우리를 놀라게 한 것(다른 결과를 기대했기 때문에), 우리를 좌절시켰던 것(원하는 것을 얻지 못했을 때), 실패했다고 생각했던 것(나 자신이나 다른 사람들의 기대를 충족시킬 수 없을 때)에 대해 성찰하는 것은 리더십 역할을 배우고 자신을 발전시키는 데 특히 유용한 것으로 밝혀졌다.[33]

엄청난 **학습 효과**$_{learning\ effect}$(자기성찰은 또한 "다른 모든 소프트 스킬$_{soft\ skills}$이 성장하는 기초"[34]라고도 불렸다) 외에도 연구자들은 자기성찰이 리더들에게 **활력 효과**$_{energizing\ effect}$를 갖게 할 수 있다는 것을 발견하였다(역자 주: 소프트 스킬은 다른 사람과 함께 일하고 상호작용하는 방식을 나타내는 대인관계 스킬로, 종종 팀워크를 발휘하거나 커뮤니케이션을 잘하는 등 업무를 하면서 또는 다른 사람과의 일상적인 상호작용을 통해 습득되는 경우가 많다. 반면, 하드 스킬$_{hard\ skills}$은 역할이나 지위에 따라 직무

에 특화된 스킬로, 특정 훈련을 통해 개발되는 경우가 많다).[35]

　개인적 성찰을 규칙적으로 실행하면 당신 자신에 대한 현실적인 이미지를 형성하고, 자신의 강점과 한계를 이해하며, 자신의 리더십 기술을 더 높은 수준으로 발전시키는 데 도움이 될 것이다.

How⋯⋯
자기성찰을 효과적으로 하려면 어떻게 해야 되는가?

　자기성찰의 힘을 완전히 활용할 수 있도록 보장하는 다음의 네 가지 단계가 있다.

1. **자기성찰을 습관으로 만들라.** 지속적으로 자기성찰을 위한 시간을 확보하라. 주의가 산만해지지 않는 조용한 장소를 찾아 매일 10~15분, 일주일에 30분, 혹은 분기 말에 2시간을 따로 투자하라. 당신이 선호하는 시간 프레임이 무엇이든 간에 정기적으로 성찰하는 것이 중요하다. 이를 통해 리더십 기술을 지속적으로 향상시킬 수 있다.

2. **자기성찰의 내용을 적어라.** 당신의 생각을 글로 기록하기 위해 일기를 써라. 글을 쓰다 보면 생각을 천천히 명확하게 만들게 되고, 종이에 적으면 그 생각이 머리 바깥에 존재하기 때문에 보다 객관적으로 도전하기가 더 쉽다. 일부 사람들은 컴퓨터의 사용을 선호하는 사람들도 일부 있지만, 보통은 손으로 쓰는 것이 몰입시키기 위한 가장 좋은 선택이다.

3. **되돌아보고 배워라.** 되돌아보는 것으로 당신의 성찰 세션을 시작하라. 당신은 지난번 자기성찰 이후 리더십 역할을 하면서 어떤 경험을 했는가? 무엇이 효과가 있었고 그 이유는 무엇인가? 어떤 행동이 당신이 예상했던 것과 다른 결과를 가져왔으며, 그 이유는 무엇인가? 당신 자신에게 솔직하라! 뭔가 잘못되었을 때 다른 사람들의 탓으로 돌려 그들을 책망하지 마라. 대신 당신 자신의 역할에 대해 생각하라. 그리고 "이번 기회를 통해 나는 무엇을 배웠는가?"라는 중요한 질문을 당신 스스로에게 던지는 것을 잊지 마라.

4. **앞을 내다보아라.** 성찰을 통해 배운 것에 기초하여 장차 이전과는 어떻게 다르게 접근해 나갈 것인가? "나는 X 상황에 직면하게 되면 ……할 것이다."라는 점을 구체화하라. 다음 기간(날, 주, 분기)에 당신이 해야 할 일의 운선순위—특히 학습해야 할 우선순위—를 명확히 정하라.

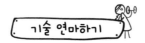

중대한 사건에 대해 성찰하기

다음과 같은 간단하면서도 강력한 세 가지 질문 모델을 사용하여 당신이 리더로서 직면하고 있는 중대한 사건을 성찰하고 교훈을 얻어라.[36]

1. **'뭐지?'** 일어난 일을 기술하라. 사실이 무엇이고, 당신(그리고 다

른 사람들)이 가졌던 기분이 어떠했는가?

2. **'그래서 어쩌지?'** 일어난 일의 의미를 탐색하라. 왜 일어났는가? 그 일을 통해 배울 점이 무엇인가? 그 일이 당신 자신, 태도, 행동하고 일하는 방식에 주는 시사점이 무엇인가?

3. **'이제 어떻게 하지?'** 다음번에 이와 유사한 상항에 직면하게 되면, 그 일을 이전과는 어떻게 달리(혹은 훌륭하게) 처리해 나갈 것인지 실천 계획을 세워 보라.

자기성찰을 습관화하는 것에 대한 나의 개인적인 메모

....

....

....

....

....

....

....

....

영향력 있게 의사소통을 하라

효과적인 의사소통_{communication}을 통해 다른 사람들과 잘 연결할 수만 있어도 그들에게 영향력을 행사할 수 있다. 그러므로 효과적인 리더가 되기 위해서는 무엇보다도 먼저 효과적인 커뮤니케이터가 되어야만 한다.

'communication'이라는 단어는 '공유하다'라는 뜻의 라틴어 *communicare*에서 유래한다. 이것이 바로 좋은 리더십 의사소통의 핵심이다. 자신의 생각, 아이디어, 정보를 공유할 수 있어야 하며, 무엇보다도 **공유된 의미를 창출**할 수 있어야만 한다. 공유(및 의사소통)는 항상 메시지를 보내는 사람과 받는 사람 모두의 노력이 포함되는 쌍방적$_{two-way}$ 과정이다.

이 장에서는 메시지 전달자와 수신자 모두에게 필요한 리더십 의사소통에 대해 배울 것이다. 리더는 자신의 아이디어를 다른 사람들에게 설득력 있는 방식으로 제시하는 데 능숙해지는 것만으로는 충분하지 않다. 효과적인 커뮤니케이터로서 리더는 또한 다른 사람들이 리더와 공유하고 싶어 하는 것을—특히 그들의 비언어적 행동과 명시적으로 말하지 않은 것을—제대로 이해하기 위해서 적극적이고 주의 깊게 경청할 수 있어야만 한다.

리더십은 독백$_{monologue}$이 아니라 대화$_{dialogue}$이다. 이 장에서는 리더로서 당신이 더 어려운 대화 상황(예: 부정적인 피드백을 제공하거나 갈등 상황을 처리하거나 어렵고 힘든 협상을 수행해야 할 때)에서도 다른 사람들과 유익한 대화를 나눌 수 있도록 준비시켜 준다.

11 자존감의 욕구를 존중하라

What·····
자존감의 욕구를 존중한다는 것은 무슨 의미인가?

　자존감$_{self\text{-}esteem}$은 사람들이 **자신의 자기가치**$_{self\text{-}worth}$**에 대해 갖고 있는 신념**, 즉 자기 자신과 자신의 능력에 대해 갖고 있는 존중감이다(역자 주: 다시 말해서, 자존감은 자신이 사랑받을 만한 가치가 있는 소중한 존재이고 어떤 성과를 이루어 낼 만한 유능한 사람이라고 믿는 마음임). 리더로서 당신이 말하고 행동하는 것은 무엇이든 다른 사람의 자존감에 영향을 미칠 수 있다. 이상적으로, 리더로서 당신은 팀원들의 자존감에 긍정적인 영향을 미치는 방식으로 의사소통을 해야 할 것이다.

Why……
자존감의 욕구를 존중하는 것이 왜 중요한 리더십 기술인가?

높은 수준의 성과를 달성하기 위해서는 팀원들이 그들 자신과 그들의 능력을 신뢰해야 한다. 다시 말해, 그들이 좋은 성과를 내기 위해서는 높은 수준의 자존감이 필요하다. 리더로서 당신은 특히 그들과 의사소통하는 방식을 통해 팀원들의 자존감에 강한 영향을 미칠 수 있다.

저명한 심리학자이자 커뮤니케이션 이론가 파울 바츨라빅 Paul Watzlawick은 **모든 종류의 의사소통에는 내용과 관계(후자가 전자를 결정하는)의 두 측면이 있다는** 점을 우리에게 상기시켜 주고 있다. [1] 방금 당신을 지지하고 싶어 하는 좋은 친구로부터 비판적인 피드백을 받았다고 가정해 보자. 당신은 아마도 그 피드백을 언제나 당신에게 매우 비판적인 동료로부터 받은 것과는 매우 다르게 해석할 것이다.

관계가 메시지를 어떻게 받을 것인지를 결정하는 것처럼, 모든 의사소통을 통해 당신은 관계에 대한 메시지를 보낸다. 상대방은 당신이 무엇을 말하는지 그 내용을 들을 뿐만 아니라 또한 당신이 어떻게 말하는지를 의식하지 않고 평가한다(역자 주: 이처럼 내용적 측면은 '무엇'에 관한 것으로 메시지의 내용을 말하고, 그리고 관계적 측면은 '어떻게'에 관한 것으로 메시지의 내용이 어떻게 받아들여지는가를 말한다. 예를 들어, 친구 사이에서 '우리 내일 영화 보러 갈래?'라고 물었다면, 이는 내용 측면에서는 영화를 보겠느냐는 의사 타진이자 나는 너와 영화를 같이 보러 갈 정도로 친한 사이라는 관계에 대한 언급이기도 하다). 당신이 의사소통하는 방식은 그들의 자존감 수준을 높일 수도 있고(예:

당신이 그들의 강점을 강조하거나 그들에게 조언을 구할 때), 떨어뜨릴 수도 있다(예: 당신이 '상사'임을 전달하는 직접적인 지시를 내릴 때).

만일 당신이 대화에서 다른 사람들의 자존감을 너무 많이 해친다면(예: 당신이 누군가에게 그들의 생각이 '완전한 헛소리'라고 말할 때), 당신이 야기하는 부정적인 감정이 그들의 똑바로 생각하는 능력을 무시할 것이기 때문에 당신은 그들의 기여 능력을 제한하게 될 것이다. 이와 동시에, 우리 모두가 우리의 자존감을 공격하는 사람들에 대해 부정적인 감정을 갖게 되는 경향이 있기 때문에 당신은 그 사람과의 관계도 해치게 될 것이다.

How······
다른 사람들의 자존감 욕구를 존중하려면 어떻게 해야 되는가?

팀원들의 자존감을 강화하기 위해 리더로서 당신이 할 수 있는 일은 다음과 같다.

- 모든 대화에서 **사람들은 당신이 그들을 긍정적인 방식으로 보는지 혹은 부정적인 방식으로 보는지를 무의식적으로 평가할 것이라는 점**을 기억하라. 당신의 의사소통 방식은 항상 그들의 자존감에 영향을 미칠 것이다. 그러므로 당신이 다른 사람들과 의사소통을 할 때마다 반드시 그들의 자존감을 존중하고 키워 줄 수 있도록 노력하라. 그들에게 모든 관심과 주의를 기울이고, 그들을 긍정적인 관점에서 본다는 느낌을 줄 수 있도록 당신의 말을 신중하게

선택해서 하라.

- 항상 다른 사람에 대해 **조롱하는 발언과 직접적인 공격을 피하도록** 노력하라.
- 지시를 내리는 대신 **관찰과 정보를 공유하라**(예: "프레젠테이션에 작년 수치를 포함하라!" 대신 "작년 수치가 현재 프레젠테이션에 포함되어 있지 않네요."). [2] 이것은 팀원들이 상사에게 괴롭힘을 당하는 것처럼 느끼는 것을 피하도록 도와준다. 그들을 하급자가 아닌 동등한 동료로 대하라!
- **감사와 인정**의 말은 솔직한 조언 요청과 마찬가지로 다른 사람들의 자존감을 높이는 데 놀라운 효과를 발휘할 수 있다.

모든 대화는 메시지를 전달할 뿐만 아니라 다른 사람들의 자존감을 강화하고 동시에 그들과의 관계를 강화할 수 있는 기회이다.

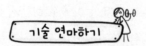

자존감의 욕구를 존중하기

직장 동료, 친구나 가족의 자존감을 강화하기 위한 분명한 목표를 갖고 그들과 대화를 나누어 보라. 그 목표를 달성하기 위해서 당신이 무엇을 말하고 어떻게 말할 것인지를 생각해 보라.

대화를 나눈 후에 대화가 어떻게 전개되었는지 성찰해 보라. 당신은 그들에게 긍정적인 영향을 미쳤다고 생각하는가? 이런 경험을 통해 무엇을 배웠는가?

자존감의 욕구를 존중하는 것에 대한 나의 개인적인 메모

....

....

....

....

....

....

....

....

....

....

....

....

....

....

12 의사소통의 목표를 명료화하라

What······
의사소통의 목표를 명료화한다는 것은 무슨 의미인가?

(역자 주: 의사소통~communication~은 두 사람 혹은 그 이상의 사람들 사이에서 일어나는 의사 전달과 상호 교류가 이루어지는, 즉 어떤 개인이나 집단이 그에 대해서 정보, 감정, 사상, 의견 등을 전달하고 받아들이는 과정을 말한다. 일 경험에서 발생하는 의사소통은 조직과 팀의 생산성 증진을 목적으로 구성원 간 정보와 지식을 전달하는 과정으로, 공통의 목표를 추구해야 하는 조직의 특성상 집단 내의 기본적 존재 기반이자 성과를 결정하는 핵심 기능이라 할 수 있다.)

의사소통을 시작하기 전에—라이브 미팅이든 가상 미팅이든, 팀원과의 일대일 대화이든, 보낼 의향으로 쓴 메시지이든 상관없이—

먼저 **의사소통의 목적**에 대해 생각하라. 의사소통의 목표를 명확히하고, 당신이 상대방과 상호작용의 결과로 달성하고자 하는 것이 무엇인지를 분명히 하라.

Why······
의사소통의 목표를 명료화하는 것이 왜 중요한 리더십 기술인가?

사람들은 리더인 당신에게 **명료성을 기대한다**. 즉, 당신이 원하는 것이 무엇인지, 목표가 무엇인지, 그리고 그들에게 기대하는 바가 무엇인지에 대한 명료성을 기대한다. 의사소통에 있어서 모호함을 피하고 올바른 메시지를 보내고 있는지를(또는 필요로 하는 올바른 정보를 받을 수 있는지를) 확인하려면, 대화를 시작하기 전에 항상 달성하고 싶은 것이 무엇인지 명확히 하라.

(역자 주: 명확한 의사소통은 팀원들 사이에서 서로에 대한 지각의 차이를 좁혀 주고, 선입견을 줄이거나 제거해 주고, 팀원 간 공감이 증가하고, 조직 내 팀워크가 향상되어 팀원들의 사기 진작과 업무 능률 향상으로 이어질 수 있다. 그러나 의사소통이 명확하지 않으면 팀원들 간 오해가 발생하고 갈등이 커지며, 조직의 목표나 성과 달성을 어렵게 만들 수 있다. 따라서 무엇보다도 개인 간 및 집단 간 명확한 의사소통이 필요하고, 특히 의사소통의 목표를 명료화하는 일이 중요하다.)

How······
의사소통의 목표를 명료화하려면 어떻게 해야 되는가?

어떤 대화를 시작하기 전에 당신이 성취하고 싶은 것을 말로든 글로든 생각해 보라.

리더십 맥락에서 가장 공통되는 의사소통의 목표를 몇 가지 예시하면 다음과 같다.

- **정보를 공유하기**(예: 팀 구성원 모두에게 조직의 중요한 현재 이벤트에 대한 정보를 제공하기)
- 특정 문제에 대한 토론에서 **다양한 의견을 듣기**(또는 문제의 해결 방법에 대한 다양한 제안을 받기)
- **의사를 결정하기**(특정 문제를 해결하기 위한 최선의 가능한 옵션을 선택하기)
- **다른 사람의 감정 상태에 영향을 주기**(예: 팀원들의 동기부여에 긍정적으로 영향을 미치기, 혹은 팀 정신을 향상시키기)
- **행동에 영향을 주기**(예: 피드백을 주거나 어떤 과제를 위임함으로써 팀원들의 행동 변화를 도와주기)
- **팀을 정렬하기**(팀 구성원들이 팀의 공동 목적과 목표를 이해하고 있는지 확인하고, 이러한 목표를 달성하기 위해 그들의 행동을 조정하도록 도와주기)
- **관계를 강화하기**(팀원들 사이뿐만 아니라 리더로서 당신과 팀원들 사이에 신뢰를 쌓기)

미팅의 경우, 당신은 미팅 안건에 목표를 명확하게 명시할 수 있다(예: 안건 항목을 정보, 토론 또는 결정으로 표시). 다른 모든 유형의 의사소통에서도 먼저 당신의 의도를, 즉 당신이 의사소통의 결과로 어떤 일이 일어나기를 원하는지, 당신과 대화를 나누고 있는 사람들은 당신과 대화한 후에 무엇을 알고, 생각하고, 느끼고, 행동해야 하는지를 명확히해야 한다.

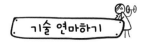

의사소통의 목표를 명료화하기

당신이 어떤 중요한 대화를 진행하기 전에 주요 의사소통의 목표를 빠르게 기록하는 일지를 일주일 동안 사용하기로 약속하라.

일지에 다음 사항을 기록하라.

- 대화의 결과로 당신에게 일어나기를 원하는 것
- 당신이 의사소통을 하는 사람의 요구, 관심사 및 상황을 고려하여 이러한 목표를 달성할 수 있도록 당신이 수행해야 할 것

일주일 후에 일지를 다시 훑어보고 당신의 의사소통 목표를 달성하는 데 얼마나 효과적이었는지 성찰해 보라. 잘 이루어진 점이 무엇이며, 그 이유는? 그리고 여전히 개선의 여지가 있는 것이 무엇인가? 다음번에는 당신의 의사소통 목표를 완전히 달성할 수 있도록 무엇을 다르게 할 수 있는가?

내 의사소통의 목표를 명료화하는 것에 대한 나의 개인적인 메모

....

....

....

....

....

....

....

....

....

....

....

....

....

13 질문을 유도하라

What……
질문을 유도한다는 것은 무슨 의미인가?

지시를 하면 사람들을 따르게 만들지만, **질문을 하면 사람들을 참여하게 만든다.** 질문을 하는 것은 단순히 정보를 받기 위한 도구 그 이상이다. 이는 참여를 장려하고, 사고를 자극하며, 문제를 해결하는 가장 강력한 방법 중 하나이다. (역자 주: 사람은 누구나 자신의 이야기에 귀 기울이기를 바란다. 상대방이 이야기를 꺼내도록 할 수 있는 방법 중 하나가 질문을 하는 것이다. 그렇게 되면 상대방은 자신의 이야기를 잘 들어 줬다는 느낌을 받으면서 좋은 감정을 가질 수 있다. 좋은 질문은 스스로 생각해 행동하고, 반성을 바탕으로 개선하도록 유도해 사람을 성장시킨다. 그렇게 되면 눈앞의 일을 바로 '나의 일'로 여기게 된다. 또한 좋은 질문을 던질수록 생각에서 개선까지 일련의 흐름이 습관화되어 성장의 토대가 될 수 있다.)

Why……
질문을 유도하는 것이 왜 중요한 리더십 기술인가?

모든 답을 알고 있으면 전문가일 수 있지만 확실히 리더는 아니다. 좋은 리더로서 당신은 팀이 성장하고 발전하기를 원할 것이다. 새로운 질문을 하지 않고는 성장과 발전이 없다.

미국의 코치이자 베스트셀러 작가인 앤서니 로빈스 Anthony Robbins 는 **"우리의 질문이 우리의 생각을 결정한다."**고 말하면서, 성공한 사람들은 일반적으로 더 나은 질문을 하고, 그 결과 더 나은 대답을 얻게 된다고 덧붙이고 있다.[3] 예를 들어, 당신이 어려운 상황에 직면했을 때, 스스로에게 우울한 상황이 **"왜 하필 나에게?"**라고 질문을 하느냐, 아니면 **"내가 그것으로부터 무엇을 배울 수 있을까?"** 혹은 **"내가 그것을 무엇에 사용할 수 있을까?"**와 같은 강력하고 미래 지향적인 질문을 하느냐 하는 것은 엄청난 큰 차이를 가져온다.[4] 당신의 질문은 당신의 생각과 행동의 방향을 결정할 것이다.

우리가 질문하는 것 이상으로 우리의 집중력과 행동에—따라서 우리의 행동에도—영향을 미치는 것은 없다. 힘을 실어 주는 질문은 우리 자신의 마음뿐만 아니라 우리의 팀에게도 긍정적인 영향을 미칠 수 있다.

당신이 질문을 할 때 팀원들의 주의를 집중시키고 그들의 사고를 자극하고 있는 것이다. 좋은 질문을 하는 것은 모든 문제해결의 과정에서 핵심이 되는 단계이며, 당신이 리더로서 자신의 어깨에만 의지하는 것이 아니라 팀 내에서 올바른 대답을 찾는 책임감이 공유되는 문화를 조성하는 데에도 도움이 될 것이다.

　기존의 솔루션만 강요하는 것이 아니라 문제해결의 과정에 다른 사람들을 포함시키는 것은 참여를 유발하고 팀 내에 주인정신을 갖게 만든다. 그것은 또한 올바른 질문처럼 공동 탐구 과정을 촉발시키기 때문에 팀워크를 촉진한다. 그리고 팀원들이 자신들의 기여에 귀 기울여 주고 가치를 부여받는다고 느낄 것이기 때문에 그들의 자존감을 높여 줄 것이다.

How……
질문을 효과적으로 유도하려면 어떻게 해야 되는가?

　다음 표에는 당신이 팀에서 긍정적이고, 앞을 내다보며, 솔루션 지향적인 정신을 만들기 위해 사용할 수 있는 몇 가지 질문의 예가 포함되어 있다.

질문	효과
"우리가 이 프로젝트에서 함께 성취하고 싶은 것은 무엇이며, 그 이유는 무엇인가요?"	팀워크의 목적과 목표에 대한 공동의 견해를 갖도록 돕는다.
"이 문제의 좋은 점은 무엇인가요?"[6]	팀을 긍정적인 사고에 집중시키고 학습 마인드셋을 기른다.

질문	효과
"완벽한 결과는 어떤 모습일까요?"	이상적인 미래의 상태를 정의하는 것을 돕는다.
"우리는 이 도전을 극복하기 위해 무엇을 할 수 있을까요?"	팀을 가능한 솔루션에 집중시킨다.
"우리는 이것을 어떻게 개선할 수 있을까요?" "우리는 이것으로부터 무엇을 배울 수 있을까요?"	팀을 진전과 발전에 집중시킨다.
"우리의 팀에서 잘되고 있는 점은 무엇인가요?" "우리가 여전히 개선해야 할 점은 무엇인가요?"	팀이 팀워크를 되새기고 개선하도록 돕는다.
"우리는 상황을 개선하기 위해 무엇을 중단해야 할까요?"	하지 말아야 할 일(중요하지 않은 사소한 일)을 하지 않도록 팀을 집중시킨다.
"당신은 이것에 대해 어떻게 생각하나요?" "제가 이것에 대한 당신의 의견을 물어봐도 될까요?"	다른 사람들의 의견에 관심을 보여 주고 그들이 소속감을 갖도록 만든다.
"일이 어떻게 되어 가고 있나요?" "주말은 잘 보냈습니까?	당신이 상대방에 대해 관심이 있다는 것을 보여 준다.
"당신이 맡은 일에 성공하도록 제가 무엇을 도와드릴까요?"	협업을 증진하고 당신이 배려하고 있다는 것을 보여 준다.
"제가 더 나은 리더가 되려면 어떻게 해야 할까요?"	당신 자신의 리더십 역량을 강화한다.

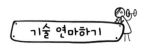

질문을 유도하기

다음번에 당신이 팀원과의 일대일 대화나 팀과의 회의를 준비할 때는 질문할 내용의 목록을 작성하라.

질문을 유도하는 것에 대한 나의 개인적인 메모

....

....

....

....

....

....

....

....

14 적극적 경청을 연습하라

What·····
적극적 경청을 한다는 것은 무슨 의미인가?

적극적 경청$_{active\ listening}$은 **상대방이 전달하려는 메시지의 전체를 완전히 이해할 목적으로 그에게 전적인 주의를 기울이는 것**을 의미한다. 만일 당신이 적극적 경청 모드에 있다면, 상대방이 말하는 것을 그저 수동적으로 '듣기'만 하지는 않을 것이다. 대신에 당신은 관심을 보이고, 상대방이 말하는 것에 반응하며, 구어뿐만 아니라 근본적인 감정과 의도를 이해하려고 적극적인 노력을 하게 될 것이다. 당신은 또한 적극적으로 경청하고 있을 때에는 다른 생각을 하거나 다른 것에 주의를 기울이는 것을 삼가게 될 것이다.

(역자 주: 요컨대, 적극적 경청이란 말하는 사람에게 주의를 집중하고 공

감해 주는 경청으로, 상대방과 눈을 맞추고 고개를 끄덕이며 "**저런**" "**그래서 어떻게 되었는데요?**"와 같은 추임새를 놓으면서 듣는 것이다. 상대방의 음성 언어를 듣는 것뿐만 아니라 상대방이 보여 주는 몸짓 언어까지도 모두 관찰하여 수용하는 것이며, 상대방이 원하는 것의 맥락에서 이해하고 상대방의 자기표현을 지지하는 능력을 말한다.)

Why……
적극적 경청이 왜 중요한 리더십 기술인가?

우리는 자신의 머릿속에서 무슨 일이 일어나고 있는지에만 사실상 집중하면서 경청하는 척하는 경우가 종종 있다. 우리가 어떻게 대답하고 싶은지 생각하다 보면, 다른 사람들이 정말로 우리에게 말하고 싶은 것이 무엇인지 집중하지 못하게 된다. 우리는 다른 사람들의 말을 가로막고, 그들이 하고자 하는 말을 지레 짐작하여 완성하고, 그들을 평가하고 비판하며, 주의 깊게 주의를 기울이는 대신 자신의 생각과 관점(종종 '좋은 조언'으로 위장함)을 제시하는 데 열중한다.

당신이 경청하는 척하면 다른 사람들은 이를 알아차리는 경우가 많다. 만약 그들이 당신이 경청하고 있지 않다는 사실을 알게 되면, 그들은 당신이 그들이 말하고자 하는 것에 관심이 없다고 느끼거나, 심지어 더 나쁜 것은 당신이 그들에 대해 정말 전혀 관심이 없다고 느낄 것이다.

당신이 다른 사람에게 당신의 온전하고 편견 없는 관심과 주의력을 기울이면 매우 다른 결과를 기대할 수 있다. 그들은 당신이 자신의 말을 들어 준다고 느낄 것이고 또한 존중받고 이해받는다고 느낄 것이다. 당신은 친밀감과 신뢰를 쌓을 수 있을 것이고, 이는 그들과 당신의 관계를 강화할 것이다(대부분의 사람들은 자신의 말을 정말 들어 준다고 느끼는 상호작용에 대해 매우 긍정적으로 생각하는 경향이 있기 때문이다). 또한 적극적 경청자로서 당신은 다른 사람들이 그들 자신을 더 잘 표현하도록 도울 것이고, 이는 그들이 생각하고 느끼는 것을 당신이 정말로 이해할 수 있는 가능성을 높일 것이다.

How……
적극적 경청을 하려면 어떻게 해야 되는가?

당신이 적극적으로 경청하면, 당신은 다음과 같이 될 수 있다.

• 상대방이 말하고자 하는 것에 완전히 집중한다.
• 당신 자신의 생각을 잠시 멈춘다.
• 상대방의 말을 가로막거나 지레 짐작하는 것을 삼간다.
• 상대방을 완전히 이해하고자 하므로 판단을 중단한다.
• 당신이 주의를 기울이고 있음을 보여 준다(예: 시선을 피하지 않고 상대방을 자연스레 응시하고, 상대방 쪽으로 약간 앞으로 기울이고, "그렇군요." 혹은 간단한 "음"과 같은 격려적인 단어나 몸짓을 사용하거나 말한 내용을 인정하기 위해 고개를 끄덕임).
• 오해를 피하기 위해 명확한 질문을 하고 당신 자신의 말로 바꾸

어 표현한다(예: "제가 이것을 정확하게 이해했나요?" "그래서 ……하다
는 말씀이지요?").

- 몸짓 언어와 목소리의 톤과 같은 비언어적 의사소통 신호에 주
의를 기울인다(사람들은 그들이 생각하고 느끼는 모든 것을 언제나
명시적으로 말하는 것은 아니기 때문에).

적극적 경청에 능숙해지려면 의식적인 노력과 많은 연습이 필요
하다(역자 주: 우리가 개발할 수 있는 적극적 경청의 주요 기술로는 호기
심을 가지고 경청하기, 개방형 질문을 하기, 긍정적인 몸짓 언어와 비언어
적 의사소통 기술을 사용하기가 있다. 호기심을 갖고 있다면 더욱 관심 있
게 경청하고 대화를 이어 가는 질문을 하게 될 것이며, 친구와 가족이 하는
이야기를 당신이 중요하게 여긴다는 것을 보여 줄 것이다. "그 일로 어떤 기
분이 드셨나요?" "어떤 점이 가장 힘드셨나요?"와 같은 개방형 질문은 사려 깊
고 개인적인 대답으로 이끌 수 있고 서로에 대해 더 많이 알 수 있으며 이
야기에 대한 호기심을 높일 수 있다. 긍정적인 몸짓 언어와 비언어적 의사
소통의 사용은 적극적인 경청의 최고봉이라 할 수 있다). 그러나 일단 이
러한 필수적인 의사소통 기술을 숙달하면, 보다 더 심층적인 대화와
밀접한 인간관계로 보상을 받게 될 것이다.

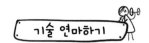

기술 연마하기

적극적 경청을 연습하기

신뢰하는 사람(예: 친구나 직장동료)에게 당신의 대화 파트너가 되

어 달라고 요청하라. 그들에게 당신의 경청 기술을 발전시키고 싶다고 말하라.

- 파트너에게 현재 직면한 매우 중요한 이슈에 대해 말해 달라고 요청하라.
- 앞에서 언급한 적극적으로 경청하는 모든 측면을 염두에 두면서 몇 분 동안 주의 깊고 적극적으로 경청하려고 노력하라.
- 모든 것을 옳게 이해했는지를 확인하고 오해한 것을 명확하게 하기 위해서 질문과 자신의 말로 바꾸어 표현하기를 활용하라.
- 대화를 마친 후에 파트너가 당신이 경청하고 이해했다고 느꼈는지(그리고 어느 정도까지) 토의하라.
- 당신이 경청하는 동안에 당신의 마음속에서 무슨 일이 진행되고 있었는지 반성해 보라.

적극적 경청에 대한 나의 개인적인 메모

....

....

....

....

....

15 비언어적 신호를 해독하라

What······
비언어적 신호를 해독한다는 것은 무슨 의미인가?

인간으로서 우리는 적어도 음성의 말만큼이나 우리의 신체를 통해 의사소통을 한다. 특히 우리의 감정을 표현하고자 할 때는 더욱 그렇다. 그러므로 리더로서 당신은 **팀원들이 말하는 것을 주의 깊게 경청하는 것 외에도 그들이 몸짓 언어**body language**를 통해 당신에게 말하고자 하는 것을 알아차리고 해석**할 수 있어야만 한다. 이것은 당신이 다른 사람의 감정과 요구를 더 잘 이해하도록 도와주고, 그들과 보다 효과적으로 의사소통하도록 해 줄 것이다.

(역자 주: 우리는 어떤 메시지를 전달하기 위해 몸짓을 선택한다고 생각하지만, 우리의 몸은 의식적으로 자각하는 것 이상의 신호를 내보낸다. 미

국 캘리포니아 대학교 로스앤젤레스 캠퍼스의 심리학 교수인 앨버트 메라
비언Albert Mehrabian은 얼굴을 마주하는 만남에서 말로 전하는 메시지와 그렇지
않은 메시지의 상대적 힘을 비교하여 하나의 의사소통 모델을 고안했다.
그는 모든 의사소통에 공통되는 3개의 요소를 몸짓 언어, 목소리, 언어로
설정하고, 그 결과로 '55, 38, 7 모델'을 만들었다. 55%는 표정과 자세와 같
은 시각적인 몸짓 언어에서 나오고, 38%는 어조, 음의 고저, 빠르기 등 말
의 비언어적 요소로부터 나오며, 나머지 7%만이 실제의 언어에서 나온다
는 것이다.

몸짓 언어는 비언어적 의사소통 수단으로 손, 발, 표정 등의 신체를 이용
한 의사소통 방식을 의미한다. 사람들은 다양한 방식의 신체 언어, 즉 몸짓
언어를 통해 자신의 의사와 감정을 전달한다. 우리는 거짓말을 잘할 순 있
어도, 거짓 표정과 거짓 몸짓을 할 순 없다. 말과 몸짓 언어가 서로 호응하
지 않을 때, 상대방은 어색함을 느끼게 된다. 이렇듯 무의식중에 표현되는
몸짓 언어는 상대방이 나를 인지하고 이해하는 방식에 영향을 미치게 된
다. 몸짓 언어는 모든 의사소통의 60~65%를 차지할 정도로 비중이 크기
때문에 효과적인 의사소통을 위해서는 말과 글과 같은 언어적인 표현뿐만
아니라 비언어적 표현인 몸짓 언어에도 관심을 기울이고 이것이 의미하는
바를 잘 해독해야 한다.)

Why······
비언어적 신호를 해독하는 것이 왜 중요한 리더십 기술인가?

다른 사람들이 보내는 비언어적 신호를 해독하는 것은—당신이 다른 사람들에게 자신의 비언어적 신호로 전달하고자 하는 것을 이해하는 것과 더불어—중요한 의사소통 기술의 하나이다. 결국, 의사소통은 공유된 이해를 이끌어 내는 것이며, 다른 사람들이 목소리 톤, 동작, 몸짓, 얼굴 표정을 통해 당신에게 무엇을 말하는지 이해하지 못한다면 이를 달성하기 어렵다. (역자 주: 그러므로 리더는 신체 언어, 표정, 목소리 강도 등의 비언어적인 신호를 적극 활용하여 의미를 전달하고 이해도를 높여야 한다. 자신의 신체 언어와 표현 방법을 관찰하고 개선하며, 팀원들과의 비언어적인 신호를 읽고 해석하는 능력을 키우는 것이 중요하다.)

How······
비언어적 신호를 해독하려면 어떻게 해야 되는가?

비언어적 메시지를 해독하는 데 능숙해지기 위한 첫 번째 단계는 애초에 그 **메시지를 알아차리는 것**이다. 그것은 당신이 의도적으로 집중해야 하는 과제이다. 그저 소극적으로 바라보는 것이 아니라, 다른 사람들이 보이는 모든 신체적 표현, 특히 얼핏 보기에 '작은' 몸짓에 의도적으로 주의를 기울이기 위해 적극적으로 관찰할 필요가 있다.

이어서 두 번째 단계는 **당신이 알아차린 것을 기술하는 것**이며(예: "김 대리가 다리를 꼬고 저에게서 몸을 돌리고 있어요."), 세 번째 단계는 **당신이 관찰한 것을 해석하는 것**이다(예: "김 대리는 제가 방금 말한 것에 대해 마음에 들지 않는다는 신호를 보내는 것 같아요."). 팀원들이 지루해 보이는가 아니면 몰두해 있는가? 그들은 공격적으로 보이는가 아니면 차분해 보이는가? 그들은 지금까지 들은 것에 대해 동의하는가 아니면 거부하는 것처럼 보이는가?

당신이 특정 이슈에 대해 다른 사람들이 어떻게 느끼는지를 더 잘 평가할 수 있는 **편안함이나 불편함의 비언어적 신호**를 찾아보라. 전 미국 연방수사국Federal Bureau of Investigation(FBI) 요원이자 저명한 비언어적 커뮤니케이션 전문가 조 나바로Joe Navarro는 비교적 흔한 불편함의 비언어적 표시로 굳게 다문 입술, 턱을 앞뒤로 움직이기, 턱 밑이나 목의 피부를 문지르기, 눈을 마주치지 않고 피하기, 눈을 좁히거나 가리기 등 몇 가지를 제시하고 있다.[6] 이러한 표현들은 편안한 얼굴 근육, 살짝 앞으로 기울어진 열린 몸의 자세, 눈 맞춤의 격려하는 미소 등의 예와는 완전히 다른 메시지를 보낸다. 이러한 예는 모두 동의와 참여의 표시이다.

의사소통을 능숙하게 잘하는 사람들은 몸짓 언어가 모호할 수 있고, 개인의 문화적 배경에 의해 영향을 받을 가능성이 있다는 것을 알고 있다. 그러므로 잘못된 해석을 피하기 위해서 단일한 표현보다는 **패턴을 찾고**, 일치성(예: 목소리 톤, 몸짓, 얼굴 표정)을 찾아 전송되는 메시지를 정확하게 해석하는 데 더 자신감을 갖는 것이 이상적이다. 비록 비언어적 행동이 다른 사람들에 대한 모든 것을 반드시 드러내는 것은 아니지만, 조 나바로는 의심스러울 때 신체를 믿는 것을 추천한다. 결국, 우리 모두는 진화론적 관점으로 보나 우리 자신의 삶에 있어서 보나 음성 언어_{spoken language}보다는 몸짓 언어_{body language}를 훨씬 더 오래 사용해 왔다. [7]

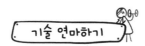

비언어적 신호를 해독하기

당신이 참석할 다음 회의에서 테이블 주변의 다른 사람들이 보내는 비언어적 신호를 주의 깊게 관찰하고 해석하는 임무를 스스로에게 맡겨라.

- 먼저, **비언어적 신호를 알아차리는 것**에 집중하라. 당신은 특정 질문을 하거나 진술을 할 때 다른 사람들의 얼굴 표정, 신체적 움직임, 혹은 목소리 톤에 어떤 변화가 있는지를 인식할 수 있는가? 당신은 정확히 무엇을 관찰하는가?
- 당신은 **이러한 비언어적 신호를 어떻게 해석**하는가? 그것들이 편안함을 전달하는가 아니면 불편함을 전달하는가? 사람들의 신체적 반응(예: 고개를 끄덕이며 특정 주제에 대한 동맹을 형성하는 등 서로의 의견을 끊임없이 확인하는 사람들)을 통해서 얻을 수 있는 다른 어떤 정보가 있는가?
- **말과 신체 표현 간에 일치성**이 있는가? 그렇지 않다면 그 원인이 무엇일까?
- 비언어적 신호는 **팀원들의 관심사, 요구, 기분**에 대해 당신에게 무

엇을 말해 주는가? 이러한 정보가 리더로서 당신에게 어떻게 유용할 수 있을까?

비언어적 신호를 해독하는 것에 대한 나의 개인적인 메모

....

....

....

....

....

....

....

....

....

....

....

16 자신의 아이디어를 설득력 있게 제시하라

What······
자신의 아이디어를 설득력 있게 제시한다는 것은 무슨 의미인가?

    리더로서 당신은 종종 **다른 사람들에게 자신의 아이디어를 발표**해야 할 때가 있다. 이상적으로는 설득력 있는 방식으로 발표할 수 있어야 한다. 설득력 있게 발표한다는 것은 주목하지 않을 수 없도록 이야기를 하는 것을 의미하며, 이 이야기에서 당신은 ① 구체적으로 문제가 무엇인지(그리고 그것이 청중에게 왜 중요한지) 확인하고, ② 대답되어야 할 중요한 문제를 제기하며, ③ 이것이 왜 올바른 행동 방침인지에 대한 설득력 있는 이유와 함께 문제를 어떻게 해결할 수 있는지에 대한 '큰 아이디어$_{\text{big idea}}$'를 제시한다. (역자 주: 이런 점에서 설득은 리더가 그의 팀원들과 함께 공동의 이익을 이끌어 내기 위해 협상하고 학습하는 과정이다. 조직의 목적 달성을 위해 사람들을 끌어들이고 미래를 향해 전진하며 변화를 일으키며 효과적인 해법을 도출하는 것이다.)

Why······
자신의 아이디어를 설득력 있게 제시하는 것이 왜 중요한 리더십 기술인가?

　의사소통을 할 때, 리더로서 당신은 다른 사람들에게 영향력을 행사하고 싶어 한다. 자신의 아이디어를 다른 사람들이 이해하고, 어떤 이슈에 대한 그들의 태도가 바뀌거나, 특정 방식으로 행동하기를 바란다. 아이디어를 설득력 있게 제시하는 것은 이러한 의사소통의 목표를 달성하도록 도와줄 것이다. (역자 주: 리더의 설득력은 대화와 토론 외에도 목표와 비전 제시, 말이 아닌 행동이나 자기희생으로도 구성원의 마음을 움직이는 강한 힘을 갖는다.)

How······
자신의 아이디어를 설득력 있게 제시하려면 어떻게 해야 되는가?

　프레젠테이션을 계획할 때 항상 염두에 두어야 할 다음의 두 가지 질문이 있다.[8]

- **청중이 누구인가?**(청중의 관심사와 기대가 무엇인가? 청중이 이미 알고 있는 것은 무엇인가? 청중이 여전히 알아야 할 것이 무엇인가?)
- **당신의 주요 메시지는 무엇인가?**(당신이 전달하고 싶은 한 가지 '큰 아이디어', 즉 청중이 알거나 행동하기를 바라는 것은 무엇인가?)

일단 이러한 두 가지 사항에 대해 명확히 했으면, 당신의 프레젠테이션을 다음과 같은 방식으로 조직하라.[9]

1. **먼저, 청중의 주의를 끌어라.** 상황을 설명하고, 청중이 관심을 갖는 것과 연관시켜라(예: "저는 우리 모두가 학생들에게 좋은 학습 경험을 제공하는 데 관심이 있다는 것을 알고 있습니다.").
2. **문제를 설명하라.** 현재 상황에서 완벽하지 않은 것은 무엇이며, 그것이 왜 팀에 중요한가?(예: "교실의 현재 좌석 배치로는 우리 모두가 알고 있는 참여적인 학습 분위기를 조성하는 데 상당히 중요한 학생들 간의 상호작용을 촉진하는 것이 매우 어렵습니다.")
3. **대답이 필요한 질문을 명확히 하라.** 앞에서 논의한 바와 같이, 질문은 사람들의 생각을 유도한다. 주목하지 않을 수 없을 정도로 흥미롭고 미래 지향적인 질문을 만들라. 예를 들어, "그러면 우리가 이 도전을 해결하기 위해 무엇을 할 수 있을까요?"(혹은 "우리는 어떻게 하면 학생들의 학습 경험을 증진시킬 수 있을까요?")라고 물어보라.
4. **설득력 있는 답변을 제시하라.** 하나의 '큰 아이디어'를 제시하고, 이것이 문제를 해결할 수 있는 이유를 설명하라. 몇 가지 논거를 사용하라. 당신이 자신의 아이디어를 뒷받침하는 세 가지 좋은 이유를 제시할 수 있다면 가장 이상적일 것이다(예: 만약

당신의 '큰 아이디어'가 새로운 교실 가구에 투자하는 것이라면, 다음과 같은 세 가지 이유를 포함할 수 있을 것이다. "그것은 확실히 보다 나은 학습 결과에 기여할 매우 상호작용적인 학습 환경을 조성할 것입니다." "우리는 학생들을 참여시킬 수 있을 것입니다." "신입생들이 우리의 혁신적인 교실 환경을 볼 때 훨씬 더 우리를 매력적으로 느낄 것입니다.").

커뮤니케이션 전문가들이 설득력 있게 프레젠테이션을 하는 방법에 대해 다음과 같은 몇 가지 추가 제안을 하고 있다.[10]

- 생생한 예를 사용하라('실제 사람들이 실제 일을 하는 것').
- 비유적인 표현을 사용하라(예: "새 교실로 인해 그 분위기가 더 이상 끝없는 칸막이가 있는 음산한 사무실과 같지는 않을 것입니다. 대신, 우리는 학생들이 자라고 번창할 수 있는 아름다운 정원을 갖게 될 것입니다.").
- 단호한 언어를 사용하라("우리는 ……을 바꾸어야 할 것 같습니다." 대신에 "우리는 ……을 바꾸어야만 합니다.").
- 청중과 **눈 맞춤**을 유지하고, **명확하게 표현**하고(서두르지 말고, 숨 쉬고, 당신이 말한 것을 청중이 **소화할 수 있는 시간**을 주면서), **몸짓 언어**(예: 손으로 그림 그리기)를 잘 활용하라.

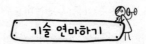

기술 연마하기

아이디어를 설득력 있게 제시하기

다음 프레젠테이션이나 팀 브리핑이 열리기 전에 당신이 전달하

고 싶은 주요 메시지를 적어라(한 문장으로). 그리고 나서 다음과
같이 몇 문장을 더 준비하라. ① 청중의 관심을 끌기 위해 무엇을
할 것인가, ② 다루어야 할 문제, ③ 청중에게 던질 구체적인 질문,
④ 질문에 대한 답변('큰 아이디어'와 이를 뒷받침하는 세 가지 논거)

아이디어를 설득력 있게 제시하는 것에 대한 나의 개인적인 메모

....

....

....

....

....

....

....

....

....

17 사람의 정서에 호소하라

What······
사람의 정서에 호소한다는 것은 무슨 의미인가?

마음에 말하라 speak to the heart 즉 사람의 정서에 호소하라는 것은 다른 사람의 감정을 인지적으로뿐만 아니라 또한 정서적으로 연결하면서, 그 정서에 관여하는 방식으로 의사소통하는 것을 의미한다(역자 주: 이것이 바로 사람들의 관심을 끌고, 그들의 생각에 영향을 미치고, 심지어 그들의 마음을 바꾸는 메시지를 만들 수 있는 방법이다).

Why......
사람의 정서에 호소하는 것이 왜 중요한 리더십 기술인가?

"우리가 설득하고 싶은 사람을 존중해야 하며, 그 사람의 정신과 마음을 알아야 한다."고 17세기 프랑스의 수학자이자 철학자 블레즈 파스칼Blaise Pascal은 말했다.[11] 이보다 일찍이 고대 그리스에서 아리스토텔레스Aristotle는 다른 사람을 설득하는 세 가지 기본 수단이 있다는 것을 관찰했다. 에토스ethos (윤리에 호소-리더의 신뢰성과 인격에 기초한 설득), 로고스logos (논리에 호소-설득력 있는 논리적 추리와 증거에 기초한 설득), 파토스pathos (정서에 호소-청중의 정서와 열정의 반응을 불러일으키는 것에 기초한 설득)가 그것이다.

현대 신경과학은 인간의 정서가 생각하고 행동하는 방식을 강력하게 결정한다는 것을 확인시켜 주고 있다. 예를 들어, 우리가 희망과 열정의 정서 상태를 경험할 때는 불안과 두려움에 의해 마비되어 있을 때와는 매우 다르게 반응하는 것이 일반적이다. 그러므로 다른 사람들에게 정말 영향을 주고 싶다면 파토스를 사용하여 그들의 정서에 호소할 수 있어야 한다.

How......
사람의 정서에 호소하려면 어떻게 해야 되는가?

다음과 같은 두 가지 중요한 정서 범주가 있다.

- **긍정적 정서**(예: 희망, 기쁨, 열정, 연민, 감사, 사랑 등)
- **부정적 정서**(예: 분노, 불안, 두려움, 슬픔, 좌절 등)

당신이 사용하는 단어와 은유는 다른 사람에게 촉발되는 정서에 영향을 미칠 수 있다. 예를 들어, "만일 우리가 이 문제를 해결할 수 없다면, 우리 모두가 일자리를 잃을 수 있습니다."라는 말은 "배울 수 있는 이 기회에 우리 감사합시다. 어떻게 하면 우리를 더 강하게 만드는 방식으로 이 문제를 해결할 수 있을까요?"와의 말과는 완전히 다른 정서적 메시지를 보내게 될 것이다. 긍정적 정서를 불러일으키기 위해 '감사' '승리' '신뢰' '열성' '열정' '훌륭함' '뛰어남'과 같은 긍정적 정서를 암시하는 단어를 사용하라. 이것이 첫 번째 방법이다.

청중의 정서에 관여하기 위한 또 다른 방법은 이야기, 특히 청중이 쉽게 알아볼 수 있는 사람에 관한 **이야기를 들려 주는 것**이다. 이야기는 정서적 경험이고, 정말 좋은 이야기는 이야기의 '주인공'이 도전에 직면하여 이를 극복하는 변화에 대해 묘사한다.

파토스로 설득하고 사람의 정서에 호소하는 세 번째 방법은 **당신 자신의 마음으로 말하는 것**speak from your own heart 즉 당신 자신을 드러내는 것이다(역자 주: 마음으로 말하는 것은 진부한 표현이나 공허한 약속 없이 진실을 진실되게 말하는 것, 마음속에 있는 것을 순수하게 나누고 다른 사람의 마음을 감동시키는 것임). 당신이 마음으로 말할 때, 당신은 완전히 수용적이고 진실하며 정서적으로 솔직하다. 당신은 자신의 '진짜 자아'를 드러내며 자신의 정서를 표현한다. 당신은 자신의 열정과 희망을 다른 사람들과 공유하지만, 또한 자신의 두려움에 대해 공개적으로 소통하고 있다. 당신의 정서를 이런 식으로 표현하려면 용기가 필요하다. 당신 자신을 취약하게 만들기 때문이다.

　그러나 미국의 연구원이자 베스트셀러 작가 브레네 브라운_{Brené}
_{Brown}이 말했듯이, 취약성은 "나타나서 눈에 띄는" 것이다.[12] 자신의
마음에서 말하는, 즉 자신을 드러낼 용기가 없다면 용기 있는 리더
가 될 수 없고 다른 사람의 마음에 진정으로 도달할 수 없다. (역자
주: 우리는 일상에서 취약해지는 순간을 자주 경험하게 되는데, 브레네 브
라운은 그런 자신을 숨기려고 황급히 가면을 쓰는 것이 문제라고 지적한
다. 이렇게 마음가면을 쓰면 수치심이나 불안, 강박으로부터 자유로울 수
없다고 주장한다. 불확실성을 감수하고 자신의 취약성을 당당하게 드러내
면 무엇보다 마음이 홀가분하고 무슨 일을 해도 후회가 남지 않는다는 것
이다. 자신의 취약성을 드러내는 진솔한 모습을 보여 줌으로써 주변 사람
과 관계를 더욱 돈독히 하고 삶을 자신의 뜻대로 멋지게 살아갈 강인함을
갖게 할 수 있다.)

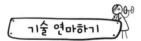

마음에 말하기: 사람의 정서에 호소하기

　당신에게 중요한 사람(예: 친구, 가족, 또는 좋은 직장 동료)과 다음에
대화를 할 때 의도적으로 당신의 마음으로 말하고(즉, 자신을 드러내
고), 상대방의 마음에 말하려고(즉, 정서에 호소하려고) 노력하라.

- 대화하기 전에 말하고 싶은 이슈에 대해 생각해 보라. 당신의
  내면에 귀를 기울여라. 그 이슈에 대한 당신의 정서를 가장 잘

나타낼 수 있는 단어나 은유는 무엇인가? 당신은 상대방에게 정말 무엇을 말하고 싶은가?

- 좋은 의도를 가지고 대화에 들어가라. 당신 자신뿐만 아니라 상대방에게도 최선을 다하고 있는지 확인하라.
- 말하기 전에 대화에 완전히 참여할 준비가 되어 있는지 확인하라. 심호흡을 하고, 그런 다음 당신이 이야기하고 싶은 문제에 대해 당신이 진정으로 어떻게 느끼는지 상대방에게 알려 줘라.
- 대화가 끝난 후에는 당신의 사려 깊고 개방적인 의사소통이 상대방과 당신 자신에게 미친 영향에 대해 반성적 숙고를 하라.

사람의 정서에 호소하는 것에 대한 나의 개인적인 메모

....

....

....

....

....

....

18 피드백의 힘을 활용하라

What·····
피드백의 힘을 활용한다는 것은 무슨 의미인가?

피드백_{feedback}은 당신이 다른 사람들의 성과와 수행을 향상시키는 데 도움이 될 수 있는 정보를 공유하는 의사소통의 한 형태이다. 이러한 피드백은 **긍정적 피드백**(리더로서 당신이 어떤 사람의 강점, 노력 및 공로를 인정할 때)과 **건설적인 비판적 피드백**(당신이 무엇이 개선될 수 있는지에 대해 터놓고 논의할 때)의 두 가지 주요 범주로 구분된다.

Why……
피드백을 주는 것이 왜 중요한 리더십 기술인가?

피드백은 향상을 이루기 위한 연료이다. 리더십 전문가 조셉 포크먼Joseph Folkman이 말했듯이 "피드백이 없으면 우리는 눈이 멀게 된다."[13] (역자 주: 포크먼은 피드백의 뛰어난 효과를 설명하는 그의 저서 『피드백의 힘The power of Feedback』에서 남들은 분명하게 알고 있지만 자신이 미처 알지 못했던 사실을 피드백을 통해 새롭게 파악할 수 있다고 말한다. 아울러 피드백을 원하고 받아들이는 사람은 자신의 역량을 한층 강화시킬 수 있으며, 피드백을 거부하거나 회피하는 사람의 지혜는 개인적인 차원의 한계를 뛰어넘지 못한다고 강조한다.)

솔직한 피드백은 팀원들에게 그들의 강점과 약점을 성찰하고, 그들의 행동이 미치는 영향을 인식하기 위한 좋은 기회를 제공한다(역자 주: 솔직한 피드백 제공의 목표는 다른 사람들이 좋은 일을 했을 때 이를 인정하고 때로는 실수를 했을 때 그들이 무엇을 잘못했는지, 어떻게 오류를 수정할 수 있는지 이해하도록 돕는 것임). 솔직한 피드백은 팀원들이 현실적인 자기평가를 하고, 배우고 성장할 기회를 제공하며, 그들의 수행과 성과를 더 높은 수준으로 끌어올릴 수 있도록 도와준다.

How……
피드백의 힘을 활용하려면 어떻게 해야 되는가?

긍정적 피드백의 힘을 활용하기란 아주 쉽다. 당신의 마음을 열고 다른 사람들의 강점과 공로를 적극적으로 인정하고, 당신이 그들을 얼마나 중요시 여기고 있는지를 말해 주면 된다. 긍정적 피드백을 줄 때는 가급적 구체적으로 하고, 그들이 하는 일에 대해 당신이 생각하는 좋은 점이 무엇인지 정확하게 설명하라.

스탠퍼드 대학교 심리학과 교수 캐롤 드웩Carol Dweck은 만약 당신이 다른 사람들의 성장을 돕고 싶다면 **능력 대신 노력을 칭찬**하는 것이 훨씬 더 효과적일 수 있다는 점을 관찰했다.[14] 예를 들어, "당신은 **발표를 최고로 잘했습니다.**"라고 말하는 대신에 "와우, 당신은 이 뛰어난 발표를 하기 위해 많은 노력을 했군요."라고 말할 수 있다. 이러한 긍정적 피드백은 긍정적 행동을 강화할 것이다. 당신이 다른 사람들에게 그들의 노력이 인정받고 알아봐 준다는 느낌을 주기 때문이다. 마음에 우러나오는 칭찬은 믿을 수 없을 정도로 좋은 기분을 갖게 한다!

그렇다면 건설적인 비판적 피드백은 어떠한가? 글쎄, 그건 좀 까다롭다. 매우 부정적인 감정을 유발할 수 있기 때문이다. 어쨌든 어느 누구도 정말로 비판받는 것을 좋아하지 않는다. 누군가에게 "그건 정말 좋지 않은 성과였어요." "당신은 성미를 조절할 필요가 있어요." 혹은 "당신은 자신을 변화시켜야 해요."라고 말하려고 애쓰면, 거의 틀림없이 부정적인 반응을 얻게 될 것이다.

비판적 피드백을 효과적으로 제공하는 것은 다른 사람들에게 그들 자신과 그들의 행위에 대해 잘못된 점을 말하는 것을 의미하는 것이 아니다. 그것은 상황을 어떻게 개선할 수 있는지에 대한 **대화**dialogue를 시작하는 것을 의미한다. 고상한 방식으로 '여우 같은 조언'을 제공하는 것보다 올바른 질문을 하고 잘 경청하는 것이 훨씬 더 중요하다.

건설적인 피드백이 효과적으로 작용하려면 다음과 같은 방법으로
해야 한다.

1. 당신의 피드백 대화를 **적절한 시점**(이상적으로는 당신이 피드백을
   제공하고 싶은 이벤트 직후)에 진행하라. 상대방도 피드백을 처
   리할 수 있도록 안정적인 감정 상태에 있어야 한다.
2. 비난하는 것 같은 소리로 들리지 않게 하면서 **가급적 객관적으로**
   당신이 관찰한 내용을 공유하라.
3. 상대방이 상황을 어떻게 보는지 물어보고(예: **"이것에 대한 당신의 견
   해는 무엇입니까?"**), 그다음에는 주의 깊게 경청하라.
4. 상대방에게 이 문제를 어떻게 처리하고 싶은지 물어보라(예: **"그래서
   우리가 이 상황을 개선하려면 어떻게 해야 할까요?"**). 그들에게 해야
   할 것을 말하는 대신 그들 스스로 개선하기 위한 제안과 약속을
   하도록 하라.

상대방을 도우려는 좋은 의도를 가지고 이 네 단계를 따르면, 그
들은 공격받는 대신 자신의 의견이 경청되는 느낌을 받을 것이다.
또한 단순한 규정 준수가 아닌 변화를 이루겠다는 진정한 약속을 이
끌어 낼 가능성도 높아질 것이다.

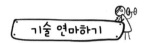

피드백의 힘을 활용하기

- **연습 1**: 다음번에 동료나 팀원 중 한 명이 어떤 일을 잘 행할 때, 그 잘한 일과 특히 당신이 중요하게 여기는 구체적인 태도나 행동을 기록하라. 그런 다음 동료나 팀원이 당신으로부터 긍정적 피드백을 받는 확실한 방법을 찾아보라.
- **연습 2**: 다음번에 누군가에게 비판적 피드백을 줄 필요가 있을 때, 대화를 하기 전에 어떻게 하면 그것을 건설적으로 구성할 수 있는지 생각해 보라. 너무 비난적이거나 가혹하게 들리지 않게 대화를 열어 갈 수 있는 방법에 대해 생각해 보라(예: "한 마디 해도 될까요?"라고 말하는 대신에 "특정 프로젝트/과제에 대한 당신의 노고에 정말 감사드립니다. 우리가 좀 더 개선할 수 있는 방법에 대해 당신과 이야기하고 싶었습니다."와 같이 시도해 보라).[15]

피드백의 힘을 활용하는 것에 대한 나의 개인적인 메모

....

....

....

19 어렵고 힘든 대화를 이겨 내라

What......
어렵고 힘든 대화를 이겨 낸다는 것은 무슨 의미인가?

리더들은 때때로 **위험이 높고,** 갈등이 수반되며(즉, 사람들의 의견과
이해관계가 충돌), **부정적인 감정**이 촉발될 수 있는 어렵고 힘든 대화
에 직면하게 된다.[16] 이런 대화를 이겨 내는 것은 상호 이해와 공유
된 의미를 발전시킬 목적으로 모든 당사자들이 그들의 생각과 감정
을 존중하고 공개적으로 공유할 수 있는 대화 분위기를 조성하는 것
을 의미한다.

Why......
어렵고 힘든 대화를 이겨 내는 것이 왜 중요한 리더십 기술인가?

리더들이 직면할 수 있는 어렵고 힘든 대화의 몇 가지 유형의 예는 다음과 같다.

- 팀원에게 비판적인 피드백을 주는 경우(또한 **기술 18 피드백의 힘을 활용하라** 참조)
- 한 사람(아마도 당신이나 다른 팀원)이 대화 중에 다른 사람으로부터 공격을 받고 있는 경우
- 팀원(혹은 당신의 상사)에게 약속을 지키지 않고 있음을 상기시키는 경우(**기술 34 책무성을 보장하라** 참조)
- 팀원들 사이의 갈등을 논의하는 경우
- 나쁜 소식을 전달하는 경우(예: 팀원에게 공지하는 것)

이러한 상황은 불쾌하지만 우리가 피하고 싶은 만큼 팀과 조직의 발전을 위해서 종종 필요하다. 그렇기 때문에 리더로서 당신은 그런 대화를 능숙하게 이겨 내는 것이 매우 중요하다.

How......
어렵고 힘든 대화를 이겨 내려면 어떻게 해야 되는가?

리더가 어렵고 힘든 대화에 접근할 수 있는 방법에 대한 전문가의

몇 가지 팁을 제시하면 다음과 같다.[17]

- 무엇보다도 어렵고 힘든 대화를 항상 **대화**$_{dialogue}$로 여겨라. 즉, 논란이 되는 문제에 대한 생각과 감정은 물론 필요한 모든 정보를 모든 사람이 공개적으로 공유할 수 있는 기회로 여겨라. 대화란 당신이 자신의 이야기를 공유하지만, 동시에 다른 사람도 자신의 이야기를 공유하도록 초대하는 것을 의미한다. 먼저 질문을 하고 대답을 주의 깊게 경청하라(다른 사람이 이해받고 있다는 느낌이 들도록—**기술 14 적극적 경청을 연습하라** 참조)
- 대화가 **안전한 공간**이 되도록 최선을 다하라. 사람들은 존중받지 못한다고 느낄 때 감정이 격해진다. 그리고 감정이 격앙되면, 그들은 일종의 '안개' 상태가 되어 의사소통을 잘하는 것을 거의 불가능하게 만든다. 그러므로 당신의 말과 행동이 다른 사람들의 자존감에 어떻게 영향을 미칠 수 있는지를 의식하도록 노력하라(**기술 11 자존감의 욕구를 존중하라** 참조). 사람들에게 인신공격이나 비난을 하지 말고, 굴욕감을 주거나 일반적인 꼬리표를 붙이는 것을 삼가라("**당신은 항상 그런 사람이야.**"). 또한 예를 들어, 다른 사람이 말할 때 방해하는 등 존경심을 나타내지 않는 행동을 삼가라. 어렵고 힘든 대화의 진정한 달인은 "아주 솔직하고 아주 존중해 주는" 사람이다.[18]
- 다른 사람을 존중해 주는 것을 어기고 감정을 상하게 했다고 느낄 때에는 진심으로 **사과**하라.
- **당신의 의도에 대해 명확히** 하라. 예를 들어, 당신은 오해를 받지 않도록 대조를 사용할 수 있다. 먼저 당신이 의도하지 않거나

의미하지 않는 것을 설명한 다음, 대신 당신이 의미하는 바를 명확히 하라.

• 당신은 대화 그 자체에서 결정을 내릴 필요가 없다. 대화의 주된 목적은 **상호 이해를 증진하고 공유된 의미를 만드는** 것이다. 그러나 가능하다면, **상호 목적**(양측의 상황을 개선할 수 있는 방법이 있는가?)을 찾을 수 있는가를 탐색한 다음, 그 상호 목적을 달성하는 데 도움이 될 수 있는 아이디어와 전략을 자유로운 토론에 의해서 모색할 수 있다.

어렵고 힘든 대화를 이겨 내기 위한 열쇠는 그 대화를 하나의 대화의 장으로 보고 항상 존중하는 것이다. 비록 그것이 논의하기에 어려운 문제라 할지라도 당신은 상대방에 대한 관심을 보여 줄 수 있다.

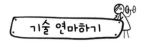

어렵고 힘든 대화를 준비하기

다음번에 어려운 대화를 하기 전에는 다음과 같이 하라.

• 상대방의 관점에서 상황을 더 잘 이해하기 위해 당신이 물어볼 수 있는 일련의 질문을 준비하라.
• 잠재적인 상호 목적("**관련된 모든 당사자에게 중요한 것은 무엇인가?**") 과 이를 달성하는 데 당신이 기여할 수 있는 것이 무엇인지 생

각해 보라.

어렵고 힘든 대화를 이겨 내는 것에 대한 나의 개인적인 메모

....

....

....

....

....

....

....

....

....

....

....

20 협상의 달인이 되라

What⋯⋯
협상의 달인이 된다는 것은 무슨 의미인가?

협상은 특수한 형태의 의사소통이다. (역자 주: 협상은 개인, 집단, 조직 간에 이해 조정을 통하여 당사자들이 원하는 것을 얻어 내기 위한 일련의 의사소통 활동 및 상호작용 패턴이다.) 협상은 **서로 다른 관심과 의도를 가진 사람들 간의 대화**이지만, 의견 일치에 도달하려고 하는 명확한 목표를 가지고 있다. 협상의 달인이 되면 모두에게 이득이 되는 결과를 야기하고 동시에 연루된 당사자들 간의 관계를 강화시키는 방식으로 협상을 준비하고 행할 수 있다.

Why......
협상의 달인이 되는 것이 왜 중요한 리더십 기술인가?

리더십 역할에서 협상이 없는 날은 거의 없을 것이다. 팀을 위한 자원을 확보하고, 업무를 배분하고, 팀원들과 연봉을 결정하기 위해 협상하고, 다른 부서와 또한 고객이나 공급업체 또는 협력업체와도 협상을 해야 할 것이다.

협상 기술을 개발하면 이해관계가 충돌하는 모든 상황을 자신 있게 관리하는 데 도움이 될 것이다. (역자 주: 협상은 긴장과 대립 속에서 각자 자신의 제약조건하에서 최대한 유리한 결과를 얻기 위해 상대방을 설득하는 것이며, 공평하고 정당하다는 인식이 사람들에게 형성되어 있기 때문에 상호 양보와 인내를 강요하는 보이지 않는 힘을 갖고 있다. 조직에서도 노사문제의 해결이나 회의 등을 통하여 내부의 문제들을 조정하는 수단으로 빈번하게 활용되고 있기 때문에 조직의 리더는 협상을 잘 이끌어 갈 수 있는 능력을 반드시 배양해야만 한다.)

How......
협상의 달인이 되려면 어떻게 해야 되는가?

협상의 달인이 되기 위한 비결은 협상을 **잘 준비**하는 것이다. 노련한 협상가들은 일반적으로 실제 협상이 시작되기 훨씬 전에 성공이 결정된다는 것을 알고 있다. 협상에 들어가기 전에 항상 대답할 수 있어야 하는 다섯 가지 주요 질문이 담긴 간단한 체크리스트를 제시하면 다음과 같다.

1. **당신의 BATNA는 무엇인가?** BATNA는 Best Alternative To a Negotiated Agreement의 준말로, 협상된 합의에 대한 최선의 대안을 가리키는 협상가의 전문 용어이다. 즉, 협상이 결렬될 경우 협상가가 선택할 수 있는 차선책을 말 한다. 최선의 대안(즉, 당신은 거래 없이 협상 테이블에서 물러날 때 무엇을 할 것인가?)이 좋을수록 협상에서 유리하고 힘 있는 위치를 점할 수 있다. 그러므로 협상하기 전에 더 나은 대안을 찾기 위해(그리하여 당신의 BATNA를 높이는 것) 투자하는 것이 매우 좋다.

2. **상대방에게 무엇을 제안해야 하는가?** 당신을 특별하게 만드는 것은 무엇인가? 당신의 협상 파트너는 다른 곳에서는 얻을 수 없지만 당신에게서 얻을 수 있는 것은 무엇인가?

3. **당신의 우선순위는 무엇인가?** 당신은 일반적으로 협상해야 할 다양한 사항을 가지고 있을 것이다. 당신에게 가장 중요한 것이 무엇인지 미리 정하고(목표의 위계에 대해 명확히 하고), 그것을 달성하기 위해 기꺼이 양보할 부분에 대해 생각해 보라.

4. **상대방의 요구는 무엇인가?** 그들의 우선순위는 무엇이고, 그들에게 동기를 부여하는 것은 무엇이고, 그들의 열망은 무엇이며, 그들이 가질 수 있는 두려움은 무엇인가? 그들의 주된 요구는 무엇이고, 그들은 어떤 주장과 질문을 할 것인가?(당신은 완벽한 준비를 위해 친구나 동료와 역할극을 할 수도 있다.) 상대방의 요구를 고려할 때, 당신은 어디에서 공통의 관심사를 가질 것인가?

5. **협상 결과가 달라서 당신과 상대방 모두에게 영향을 미친 것은 무엇인가?** 어떤 결과와 영향이 당신에게 이상적일지, 그리고 어떤 결과와 영향을 여전히 기꺼이 받아들일지 생각해 보라.

서면 형식으로 협상을 준비하는 것이 이상적이다. 당신이 앞으로 제시할 주요 주장으로 개요를 작성하고 질문할 내용을 만들라.

일단 준비를 잘했으면 다음과 같이 실제 협상을 해 나가면 된다.

- **상호 이익이 되는 결과를 위해 협상**하겠다는 공동의 약속으로 시작하라.
- 명확하게 **당신 자신의 관심사를 설명**하고(원하는 것뿐만 아니라 원하는 이유도), **상대방의 관심사를 충분히 이해**하기 위해 잘 경청하라.
- 당신 자신의 입장에 얽매일 것이 아니라 **양측의 이익에 도움이 될 해결책을 함께 찾도록 노력**하라. 좋은 협상은 양측이 모두 승리하는 공동의 문제해결 과정이다.

올바른 마인드셋을 가지고 모든 과정을 진행하라. 당신의 우선순위에 집중하고, 동시에 양측 모두가 수용할 수 있고 이익이 되는 해결책을 찾기 위해 최선을 다하라.

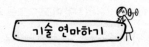

다음 협상을 준비하기

다음 협상에 앞서 위의 협상 준비를 위한 다섯 가지 주요 질문을 살펴보라. 시간을 내어 답을 생각해 보라. 협상을 시작하기 전에 그 답을 적어 두어라.

협상의 달인이 되는 것에 대한 나의 개인적인 메모

....

....

....

....

....

....

....

....

....

....

....

....

....

목적과 우선순위를 명확히 하라

당신은 이 장을 통해 다음을 수행할 수 있다.

- 팀의 목적을 결정하고, 목표를 설정하며, 전략을 개발한다.
- 정말 중요한 것과 중요하지 않은 것을 구분하면서 우선순위를 명확히 한다.
- 무엇을 위임하고 어떻게 위임할 것인지 배운다.
- 문제해결과 의사결정에 대한 체계적인 방법을 적용한다.
- 정말 중요한 일에 시간을 현명하게 사용한다.

    사람들은 리더가 그들을 더 나은 미래로 이끌 지향점을 제시하고 방향을 설정하기를 기대한다. "리더는 희망의 딜러이다."라고 나폴레옹 보나파르트_{Napoleon Bonaparte}가 말했다. 생각해 보라. 당신은 미래에 희망이 전혀 없고 상황이 더 나빠지기만 할 것이라고 말하는 사람을 따르고 싶은가? 우리는 주저하거나 징징거리는 사람을 따르지 않는다. 우리는 상황을 더 좋게 바꿀 수 있는 사람을 따른다. 더 나은 미래를 만드는 것이 우리가 리더에게 바라는 것이다.

훌륭한 리더로서 당신은 팀의 모든 사람이 다음 세 가지 사항을 명확하게 이해하고 있는지 확인해야 한다(이상적으로는 이 순서대로).

1. 당신의 **목적**: 하나의 팀으로서 당신이 행하는 것이 중요한 이유
2. 당신의 **공동목표**: 당신이 팀과 함께 달성하기 위해 노력하는 것
3. 당신의 **우선순위**: 당신이 일을 행하는 방식, 즉 당신의 목적을 실현하고 함께 당신의 목표에 도달하기 위한 주요 과제와 활동 뿐만 아니라 당신의 전략

이 장은 팀의 모든 사람(리더인 당신을 포함하여)이 당신이 하고 있는 일의 가치와 중요성이 무엇인지, 당신이 어디로 향하고 있는지, 그리고 거기에 어떻게 도착할 것인지를 이해할 수 있도록 팀의(그리고 당신 자신의) 목적, 목표, 전략 및 우선순위를 정하는 데 필요한 기술을 개발하도록 당신을 도와줄 것이다.

21 명확한 목적을 가지라

What……
명확한 목적을 가진다는 것은 무슨 의미인가?

　모든 사람은 그들의 일에 대한 '이유'를 필요로 한다. 명확한 목적을 가진다는 것은 **무언가를 하기 위한 설득력 있는 이유가 있다는 것을** 의미한다. 사람들이 그들의 일에 노력, 에너지, 그리고 열정을 쏟도록 동기를 부여하는 것은 필수적인 전제 조건이다.

　무엇보다도 **목적은 지향점을 제시한다.** 목적은 당신이 리더로서 그리고 팀으로서 무엇을 위해 여기에 있는지를 이해하도록 도와준다. 목적은 당신의 정체성을 드러낸다. 그리고 목적은 당신이 세상에 미치는 영향을 상기시켜 준다.

Why......
명확한 목적을 가지는 것이 왜 중요한 리더십 기술인가?

목적의식을 가지는 것은 하는 일에 의미를 부여한다. 연구에서는 목적의식을 가지는 것이 일의 성과에 긍정적인 영향을 미친다는 것을 입증하고 있다.[1] 이것은 전체로서 팀을 위해서 뿐만 아니라 리더로서 당신을 위해서도 중요하다. 명확한 목적이 없으면 한 집단의 구성원들이 올바른 방향으로 협력하도록 보장하는 것이 전혀 불가능한 것은 아니지만 상당히 어렵다.

팀 성과에 대한 두 명의 선도적인 전문가 존 R. 카첸바흐Jon R. Katzenbach와 더글라스 K. 스미스Douglas K. Smith는 성과가 높은 팀을 만드는 데 있어 '목적'의 주된 역할에 대해 "최고의 팀은 집단적으로나 개인적으로 그들에게 속한 목적을 탐색하고, 형성하고, 합의하는 데 엄청난 시간과 노력을 투자한다."라고 기술하고 있다.[2]

명확한 목적은 **지향점을 보장**하고 **동기를 향상**시킬 뿐만 아니라 또한 **목표와 과제의 우선순위를 정하는 것을 용이**하게 할 것이다(왜냐하면 사람들이 어떤 활동이 목적을 달성하는 데 정말 중요한가를 이해할 것이기 때문이다─또한 **기술 24 올바른 우선순위를 정하라** 참조). 명확한 목적은 또한 팀원들이 함께 일해야 하는 공유된 이유가 있기 때문에 **협업을 향상**시킬 것이다.

How……
팀의 명확한 목적을 정하려면 어떻게 해야 되는가?

목적을 '만들어 내려고' 하지 말고 대신 발견하려고 노력하라. 목적은 그것이 진정성이 있고 진실한 것일 때, 즉 부과되는 것이 아니라 '살아 있는' 것일 때 효과가 있다. 팀의 목적을 발견하려면 다음세 단계를 수행하라.[3]

1. **당신의 팀이 하고자 하는 것을 적어 보라.** 당신의 팀이 제공하는 상품이나 서비스뿐만 아니라 팀의 주요 활동을 몇 문장으로 기술하라(예: "우리 팀은 지역 대학 매점을 운영합니다. 우리는 대학에서 일하고 공부하는 사람들을 위해 점심을 준비합니다.").
2. **팀 작업의 주요 수혜자가 누구인지 명확히 하라.** 당신이 하는 일은 누구에게 정말 중요한가? 만약 당신이 더 이상 일을 완수하지 않는다면 누가 당신을 가장 그리워할까?(예: "우리의 일은 학생들과 교직원들에게 정말 중요합니다.")
3. **당신이 하는 일이 수혜자들에게 왜 그렇게 중요한지 자문해 보라.** 당신의 일이 최종적으로 어떤 영향을 미칠지 생각해 보라. 여러 가지 '이유'를 생각해 보라. 예를 들어, "학생들과 교직원들이 점심시간에 식사를 하고 싶어 하기 때문에 우리의 일은 중요합니다." 두 번째 '이유'로는 "그들은 오후에 에너지 수준을 높게 유지하려면 점심시간에 식사를 해야 합니다."를 생각해 볼 수 있고, 세 번째 '이유'로는 "그들은 에너지 수준이 높으면 더 잘 배울 수 있을 것입니다."라고 생각해 볼 수 있다.

예를 들어, 이 세 단계에 따라 우리 대학 매점 팀은 다음과 같은 팀 목적을 생각해 낼 수 있다.

> 우리 매점 팀의 목적은 우리 대학교 학생들과 교직원들이 오후에 더
> 나은 학습 경험을 하도록 건강한 점심 식사를 제공하는 것입니다.

리더가 팀과 함께 세 단계를 거치거나 최소한 초안을 검토하고 논의할 기회를 제공함으로써 팀 목적을 정하는 데 팀을 참여시키는 것은 실제로 좋은 방법이다. 결국, 목적은 팀원들이 그것을 그들의 공동 목적으로 간주할 때만 백분 효과를 발휘하게 될 것이다.

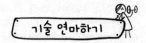

리더로서 목적을 정의하기

명확한 목적을 가지는 것은 당신의 팀에 중요할 뿐만 아니라 또한 리더로서의 당신에게도 매우 귀중한 것일 수 있다. 당신은 **자신의 개인적인 리더십 목적**을 리더로서의 자신의 역할을 안내하는 일종의 '내부 나침반'으로 사용할 수 있다.

리더로서 당신의 개인적인 목적을 정의하기 위해 위와 같은 세 단계를 따르도록 하라.

1. 리더로서 당신의 핵심 과제에 대해 생각해 보라. 당신은 무엇을 위해 여기에 있는가?

2. 리더로서 당신의 일의 주요 수혜자가 누구인지 명확히 하라(여기에는 당신의 팀원들이 포함될 가능성이 높다).

3. 리더로서 당신의 일이 수혜자에게 중요한 이유가 무엇인지 자문해 보라. 리더로서 당신이 영향력을 행사하는 방법과 그 이유는? (여러 가지 '이유'를 생각해 보아야 한다는 것을 잊지 마라.)

명확한 목적을 가지는 것에 대한 나의 개인적인 메모

....

....

....

....

....

....

....

....

....

22 전략적으로 사고하라

What······
전략적으로 사고한다는 것은 무슨 의미인가?

 당신이 전략적으로 사고할 때, 당신은 ① 현재 자신이 어디에 서 있는지, ② 미래가 어떻게 보일 것인지, ③ 자신과 팀이 미래에 어떤 고유한 가치를 창출하고 싶은지, 그리고 ④ 이를 어떻게 가능하게 할 것인지에 대해 성찰하는 시간을 가지게 될 것이다.

 주지하다시피 전략적 사고는 우리가 일상 언어에서 '전략_{strategy}'이라는 용어를 사용하는 방식을 뛰어넘는 것이다. 그것은 당신이 어떤 목표에 도달하기 위해 어떤 단계를 밟을지를 결정하는 것(위의 ④에 포함됨)뿐만 아니라, 보다 근본적으로는 **미래에 가치를 창출하기 위한 기회를 찾고 개발**하는 것이다.

Why⋯⋯
전략적 사고가 왜 중요한 리더십 기술인가?

전략적 사고는 다음과 같은 이점을 가진다.

- 외부 사건에 연연하기보다는 당신 자신과 팀을 위해 원하는 **미래를 적극적이고 전향적으로 창출**한다.
- 팀의 **명확한 방향감각을 개발**할 수 있다. 팀원들은 당신이 함께 달성하고 싶은 것이 무엇인지 그 이유와 함께 더 잘 이해하게 될 것이다.
- 전략적으로 사고하지 않았으면 놓쳤을 수 있는 **기회를 파악하고 활용**할 수 있다.
- 구조화된 방식으로 **미래의 성공 가능성을 창조**해 낼 수 있다.
- 계속해서 내일의 가치를 창출하기 위해서 오늘 해야 할 일을 더 잘 이해할 수 있다.

전략적 사고는 변화하는 환경에 대응하고 팀원들에게 의미 있는 공동목표를 제공하고 싶은 리더들에게 필수적인 활동이다.[4]

How⋯⋯
전략적 사고를 하려면 어떻게 해야 되는가?

당신은 철저한 전략적 사고를 위한 시간을 어느 정도 확보해야 할 것이다. 이상적으로는 팀과 함께 전략을 수립하기 위해 일상 업무에서 잠시 벗어나 시간을 갖는 것이 좋다. 아마도 현장에서 벗어난 휴양의 형태일 수도 있다. 많은 리더들은 전략 개발 프로세스를 촉진하기 위해 외부 전략 컨설턴트를 고용하는 것이 유용하다고 생각하기도 한다.

전략 개발은 기본적으로 다음의 **다섯 가지 핵심 전략 질문**을 던지고 답하는 것을 중심으로 이루어진다. [5]

1. 우리는 **현재** 어디에 있는가?(우리는 어떤 강점과 약점을 가지고 있는가?)
2. **미래**는 어떤 모습일까?(우리는 어떤 기회와 위협을 볼 수 있는가?)
3. 우리는 미래에 고유한 가치를 창조하기 위해 어떤 **옵션**을 갖고 있는가?(우리가 참여하고 싶은 분야와 그 분야에서 창출하고 싶은 가치의 측면에서)
4. 미래에 우리 팀(혹은 조직)의 생존과 번영을 보장하기 위한 **최선의 옵션**은 무엇인가? 우리가 노력을 기울여야 할 곳은 어디이고, 그곳에서 우리는 어떤 고유한 가치를 창출할 것인가?
5. 우리는 미래에 고유한 가치를 창출할 수 있는 잠재력을 구축하기 위해 어떤 **구체적인 조치**를 취할 것인가?

특히 질문 2(환경의 주요 개발 및 동향에 대한 이해가 필요함)에 답할 때 팀이나 조직 외부의 전문가를 프로세스에 포함시키는 것도 합리적일 수 있다. 그들은 당신에게 새로운 관점과 아이디어를 제공할 것이고, 아마도 팀 내에서는 볼 수 없었던 새로운 기회에 당신의 눈을 뜨게 할 것이다.

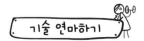

기술 연마하기

'From-To-How' 프레임워크를 활용하여
전략적으로 사고하기

'From-To-How'는 전략을 이해하기 쉬운 방식으로 전달하는 데
도움이 되는 간단하면서도 강력한 프레임워크이다. 그것이 작동하
는 방식은 다음과 같다(다음 그림의 예도 참조).[6]

1. 팀 또는 조직의 **핵심 과제**를 파악한다('From').
2. 그 과제를 극복할 수 있는 **원하는 미래의 상태**를 간단히 설명한
   다('To').
3. 원하는 미래의 상태로 이끌어 줄 **진취적인 계획과 조치**를 도출하
   고 설명한다('How').

From	*To*
개방형 직위에 지원하는 사람의 수가 적다	우리 지역에서 가장 매력적인 고용주가 되는 것

진취적인 계획/조치

- 주 4일 근무
- 유연한 원격 근무 옵션
- 새로운 연수교육 서비스
- 새로운 보상체계

전략적으로 사고하는 것에 대한 나의 개인적인 메모

....

....

....

....

....

....

....

....

....

....

....

....

....

....

23 목표를 분명히 하라

What……
목표를 분명히 한다는 것은 무슨 의미인가?

리더로서 당신이 기본적으로 해야 할 일은 팀과 함께 목표에 도달하는 것이다. 공동목표가 없다면 리더가 있어야 할 이유가 없다.

당신의 목표를 분명히 한다는 것은 다음 두 가지를 이행하는 것을 의미한다.

- 첫째, 당신이 팀 목표의 달성 여부를 쉽게 파악할 수 있도록 목표를 명확하고 모호하지 않은 방식으로 수립한다.
- 둘째, 팀의 모든 사람이 당신이 함께 달성하고자 하는 목표를 이해하고 이상적으로는 내면화할 수 있도록 공동목표를 명확하

게 전달한다.

Why......
목표를 분명히 하는 것이 왜 중요한 리더십 기술인가?

'목표'라는 용어는 '노력이 지향하는 끝'으로 정의될 수 있다.[7] 그것이 바로 당신이 리더로서 달성하고 싶은 것이다. 즉, 팀원들의 노력이 특정 목적에 도달하는 데(그리고 팀의 목적을 완수하는 데—**기술 21 명확한 목적을 가지라** 참조) 집중되도록 하는 것이다.

분명한 목표는 당신의 팀원들이 무슨 일을 해야 하는지를 이해하는 데 도움이 될 것이다. 목표가 이해되고 받아들여질 때, 팀원들은 당신의 팀에서 추진력을 만들고 유지할 것이다.

How......
목표를 분명히 하려면 어떻게 해야 되는가?

분명하고 모호하지 않는 방식으로 목표를 수립하기 위해 널리 알려진 도구는 SMART이다. 이것은 Specific, Measurable, Achievable, Relevant, Time-bounded의 머리글자를 딴 축약어이다. 그것은 분명한 목표의 다섯 가지 특징을 나타낸다. 스마트한 목표는 다음과 같아야 한다.

- 구체적이고(무엇을 달성해야 하는가에 대한 정확한 정의와 함께)
- 측정 가능하고(당신이 자신의 목표를 추적하고 목표를 달성한 정도를 알 수 있도록)
- 성취 가능하고(현실적인)
- 관련성이 있으며(당신의 목적을 완수하기 위해)
- 기한이 정해져 있는(분명한 마감 시한이 있는)

SMART 목표를 수립하기 위한 스마트한 방법은 당신과 팀원 모두에게 다음과 같은 스마트한 질문을 하는 것이다.

- 모든 사람은 우리가 함께 달성하고 싶은 것이 무엇인지(그리고 그 이유가 무엇인지) 분명하게 이해하고 있는가? [S]
- 우리는 목표를 달성했는지의 여부를 어떻게 알 것이며, 목표의 진전 정도를 어떻게 측정할 것인가? [M]
- 모든 사람이 목표를 달성할 수 있다고 확신하는가? 그리고 우리는 목표를 달성하기 위해 팀의 모든 필요한 자원과 역량을 갖고 있는가? [A]
- 목표가 팀의 전체적인 목적과 부합하고 있는가?(그리고 우리 모두가 그것을 위해 전념하고 있는가?) [R]
- 우리의 목표에 도달하기 위한 마감일은 언제인가? [T]

목표에 도달하는 데 **책임을 지는 사람이 누구**이고, 목표를 실현하는 데 기여할 사람이 누구인지 항상 질문하는 것을 잊지 마라. 책임 없이 목표가 달성될 것이라고 기대하지 마라(**기술 34 책무성을 보장하라**

참조). 마지막으로, 목표를 설정하는 과정에 사람들을 참여시키면 단순히 목표를 부과하는 것보다 사람들로부터 더 많은 헌신을 이끌어 낼 수 있다는 점을 명심하라.

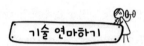

'피라미드 원리'로 목표를 설정하기

맥킨지ᴍᴄKinsey 컨설턴트 바바라 민토ʙᵃᵣᵇᵃʳᵃ ᴍⁱⁿᵗᵒ가 말한 '피라미드 원리'를 사용하여 당신 팀의 목표가 일치하는 계층 구조를 만들어라. 이 원리가 작동하는 방식은 다음과 같다(다음 그림의 예도 참조).[8]

1. **가장 원하는 결과**(당신이 달성하고 싶은 가장 중요한 목표)를 맨 위에 두고 목표의 피라미드를 시작하라.
2. **가장 원하는 결과**를 달성할 수 있으려면 무엇이 사실이어야 하는지 스스로에게 물어보라. 명확한 하위 목표를 만들기 위해 긍정적인 진술을 사용하라.
3. 필요한 경우 **하위 목표**의 수준을 추가적으로 늘리는 과정을 계속하라.

원하는 결과/목표

2025년에는 핀란드에서
연간 500개의 제품을 판매한다.

무엇이 사실이어야 하는가?

| 2024년까지 핀란드에서 신뢰할 수 있는 유통 파트너를 확보한다. | 그리고 | 물류 및 수출 프로세스를 갖춘다. ...... | 그리고 | 광고를 통해 타깃 고객의 80%에 도달한다. ...... |

| 가장 적합한 유통 파트너를 찾는다. | 그리고 | 파트너 회사와 상생의 계약을 협상한다. |

나(그리고 우리 팀)의 목표를 분명히 하는 것에 대한
나의 개인적인 메모

....

....

....

....

....

24 올바른 우선순위를 정하라

What……
올바른 우선순위를 정한다는 것은 무슨 의미인가?

올바른 우선순위를 정하는 것은 무엇이 정말 중요하고 무엇이 중요하지 않은가를 구분하는 것에 관한 것이다. '**우선순위**priority'라는 단어는 단순히 '첫 번째'를 뜻하는 라틴어 *prior*에서 유래한 것이다. 그러므로 우선순위를 정하는 것은 리더로서 당신과 전체로서 당신의 팀 모두에게 중요한 목표와 과제가 무엇인지, 즉 무엇이 첫 번째인가를 결정하는 것을 의미한다.

우선순위를 정하는 것은 또한 **무엇을 하지 말아야 할 것인가를 결정하는 것**을 의미한다. 유명한 경영사상가 피터 드러커Peter Drucker는 "첫 번째 중요한 일을 먼저 하고, 두 번째 중요한 일을 절대 먼저 하지 마

라"고 말했다.[9]

Why......
올바른 우선순위를 정하는 것이 왜 중요한 리더십 기술인가?

우선순위를 정하는 것은 **당신 자신과 팀의 노력과 에너지를 정말로 중요한 목표와 과제에 집중하도록** 도와준다. 명확한 우선순위를 갖는 것은 끝없이 이어지는 '긴급한 문제'의 바다에서 길을 잃지 않게 해 주는 등대와 같은 것인데, 이는 실제로 다른 사람에게 중요한 일을 설명하는 또 다른 하나의 방법이다.[10]

효과적으로 우선순위를 정하는 것은 정말 중요한 일에 **당신의 시간과 자원을 현명하게 사용하는 것을** 의미한다(또한 **기술 30 시간을 현명하게 사용하라** 참조). 그것은 업무에 더 많은 **방향성, 명확성 및 질서를** 가져다줄 수 있으며, 또한 스트레스 수준을 완화하는 데에도 기여할 것이다(팀원들이 경쟁적인 요구에 직면했을 때 무엇에 집중해야 하는지를 알기 때문이다).

How......
올바른 우선순위를 정하려면 어떻게 해야 되는가?

전체로서 팀을 위해서 뿐만 아니라 리더로서 당신 자신을 위해 올바른 우선순위를 정하는 방법은 다음과 같다.

- **당신의 목적을 달성하는 데 필요한 것에 집중하라.** 목적의 명료성(기술 21 명확한 목적을 가지라 참조)은 우선순위를 정할 수 있는 전제 조건이다. "어떤 활동이 나의/우리의 목적을 달성하는 데 가장 많이 기여할 것인가?"라는 질문에 대한 대답이 우선순위를 정하는 데 가장 좋은 지침이 될 것이다. 목적이 덜 모호하고 보다 구체적일수록 그것을 달성하기 위해 착수해야 할 활동을 파악하기가 더 쉬워질 것이다.

- **중요한 것과 그렇지 않은 것을 구별하기 위한 명확한 기준을 사용하라.** 선택할 수 있는 작업이나 프로젝트가 서로 다른 경우에 미치는 **영향**(목적 달성에 얼마나 기여할 것인지 외에도 작업이나 프로젝트가 전략을 따르고 주요 목표를 달성하는 데 도움이 되는지 여부를 평가할 수도 있다), **실행에 필요한 노력**(팀원의 시간, 돈, 다른 자원을 포함하여), 관련된 **위험**, 또는 **이해당사자의 관심**(주요 이해당사자에게 얼마나 중요한가?)과 같은 기준을 사용할 수 있다.

- **우선순위를 정하는 데 팀원들을 포함시켜라.** 대부분의 사람들은 무엇을 해야 하는지 단순히 듣는 것을 썩 좋아하지 않는다. 명확한 결정을 내리기 전에 팀원들과 잠재적인 우선순위를 논의하는 것은 당신이 팀으로부터 더 높은 수준의 헌신을 이끌어 내는 데 도움이 될 것이다.

- **감히 '아니요'라고 말하라.** 효과적으로 우선순위를 정하려면 또한 "불필요한 요소를 제거해야"[11] 한다. 즉, 당신의 목적과 목표를 달성하는 데 도움이 되지 않는 모든 것을 제거해야 한다. 불필요한 요소를 제거한다는 것은 일부 또는 심지어 많은 요청에 대해 '아니요'라고 말할 수 있는 용기를 갖는 것을 의미한다. 이것

은 당신이 '아니요'라고 말하는 이유를 정중하게 설명하고(예: 당신은 "현재 이미 너무 많이 헌신하고 있기" 때문에 또는 "프로젝트 X에 완전히 집중해야 하기" 때문에), 그리고 당신이 매번 무언가에 대해 단호하게 '아니요'라고 말하고, 또한 정말로 중요한 일에 대해서는 '예'라고 말하고 있음을 상기한다면 실행하기가 더 쉽다(또한 **기술 29 불필요한 것을 제거하라** 참조).

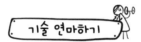

기술 연마하기

I^2 메트릭스로 우선순위 정하기

다양한 과제, 프로젝트 혹은 계획의 우선순위를 정하기 위해 2차원의 I^2 메트릭스를 사용하라(I^2은 영향과 실행을 의미한다).[12]

1. 과제, 프로젝트 혹은 계획을 잠재적 영향의 관점에서 평가하라 (예: **영향이 높음, 보통, 낮음**의 간단한 척도에 따라).
2. 과제, 프로젝트 혹은 계획을 실행하는 데 요구되는 노력의 양을 추정하라(예: **실행하기가 쉬움, 다소 어려움, 어려움**의 척도에 따라).
3. 과제, 프로젝트 혹은 계획을 왼쪽 상단에(영향이 높고 실행하기가 쉬운) 우선순위를 설정하라.

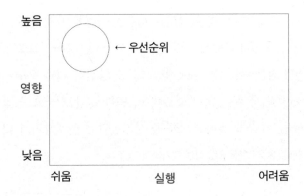

올바른 우선순위를 정하는 것에 대한 나의 개인적인 메모

....

....

....

....

....

....

....

....

25 효과적으로 위임하라

What⋯⋯
효과적으로 위임한다는 것은 무슨 의미인가?

'위임$_{delegating}$'이라는 단어의 어원은 라틴어 *delegare*에서 유래하는데, 이는 누군가에게 무언가를 양도하거나 위임한다는 의미이다. 당신이 위임을 할 때 다른 사람(일반적으로 팀원)에게 과제를 양도하고 그들이 이 과제를 완수할 수 있을 것이라고 신뢰한다. 위임은 ① 과제가 적절한 시기에 적절한 품질로 완수되고, ② 과제를 완수하는 사람들에게 배우고 성장할 기회가 된다면 특히 효과적일 것이다.

Why⋯⋯
효과적으로 위임하는 것이 왜 중요한 리더십 기술인가?

　많은 관리자들은 그들이 완수해야 할 공개된 과제들이 너무 많아서 스트레스를 받는다. 이는 위임할 수 없다는 신호인 경우가 많다. 여러 가지 이유들 때문에 위임하지 못하는 문제를 야기할 수 있다. 즉, 그들은 팀원들에 대한 능력에 대한 확신(또는 신뢰)이 부족할 수 있고, 팀원들에게 너무 많은 부담을 지게 하는 것을 두려워할 수 있고, 아무도 이 과제를 그들 자신만큼 잘 수행할 수 없다고 믿을 수 있으며, 혹은 그들이 효과적인 문제해결사나 의사결정자로 보이고 싶은 내면의 욕구를 가질 수도 있다.

　근본적인 이유가 무엇이든 간에 당신이 효과적으로 위임할 수 없으면 리더로서 어려움에 처하게 될 것이다. 당신은 결국 엄청난 양의 일과 팀원들을 신뢰하지 않는다는 느낌으로 인해 의욕을 상실하게 될 것이고, 팀이 가지고 있는 힘을 충분히 활용할 수 없을 것이다. 요컨대, 당신은 자신의 일에 있어서 매우 비효율적이 될 것이다.

　효과적인 위임은 정말로 중요한 활동을 위한 **당신의 우선순위를 정하는 시간을 확보해** 줄 것이며, 또한 팀원들을 참여시키고 그들 자신을 발전시키는 기회를 제공하기 위한 훌륭한 도구가 될 수 있다.

How⋯⋯
효과적으로 위임하려면 어떻게 해야 되는가?

효과적인 위임에는 다음과 같은 세 가지 작업이 포함된다.

1. 위임할 **적임자**를 식별한다.
2. 효과적인 **임무배정 회의**를 개최하고 임무에 전념하겠다는 약속을 얻어 낸다.
3. **후속 조치**를 취하는 것을 잊지 않는다.

첫째, **어떤 업무를 위임할 적임자를 식별하라.** 많은 리더는 그 업무에 '가장 적합하다'고 여기는 사람을 위임할 적임자로 생각할 것이다. 물론, 적절한 기술을 가진 사람을 선택하는 것은 가능한 최고의 결과를 얻을 기회를 높일 것이다. 하지만 그것은 또한 팀 내 높은 성과를 낸 사람들에게 업무 과부하를 초래할 수 있고, 다른 팀원들에게 새로운 것을 배우지 못하게 할 수도 있다. 좋은 대안은 **그 업무가 좋은 학습기회가 될 수 있는 팀원을 선택하는 것**이다. 이 경우, 당신은 새롭고 도전적인 업무를 위임받은 팀원들에게 동기를 부여할 뿐만 아니라 또한 위임 과정을 팀 전체의 역량 기반을 증진시키는 체계적인 방법으로 사용할 수 있다.

위임할 적임자를 찾았다면 2단계인 **임무를 배정할** 시간이다. 팀원들과의 임무배정 회의에서는 다음 사항을 확실히 하라.

• **기대하는 결과**(그리고 마감일)를 명확하게 정의하라.

- **임무가 중요한 이유**(임무의 목적)에 대한 정보를 제공하라.
- 이용 가능한 **자원과 지원**을 명확히 한다.
- 팀원과 함께 **진행 상항을 모니터링**하는 방법에 대한 의견의 일치를 보라.
- **팀원으로부터** 과제 완수에 대한 책임을 지겠다는 **확실한 약속**을 받아 내라. [13]

임무배정 회의는 다른 사람에게 해야 할 일을 '지시하는' 독백$_{monologue}$이 되어서는 안 된다. 그것은 "두 사람이 무엇을 해야 하고 왜 해야 하는지에 대한 공통된 이해를 얻는 **대화**$_{dialogue}$"[14]일 때 이상적이다.

3단계는 **후속 조치**를 취하는 것이다. 누군가에게 임무를 배정한다고 해서 자동으로 임무가 행해지는 것은 아니다. 반드시 팀원과 다시 연락하여 진행 상항에 대해 논의하고, 팀원의 수행에 대한 피드백을 제공하도록 하라(기술 18 피드백의 힘을 활용하라 참조). [15]

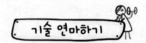

기술 연마하기

위임해야 할 과제를 결정하기

리더로서 당신은 가능한 가장 큰 영향력을 발휘하는 업무에 시간을 보내고 다른 업무는 팀원에게 위임하는 것이 이상적일 것이다. 어떤 업무를 위임할 것인지 결정하려면 다음 단계를 따르라. [16]

1. 당신이 시간을 할애하며 수행해야 하는 모든 활동의 목록을 작성하라.
2. 작성된 목록에서 당신이 어느 것보다 훨씬 더 잘 수행할 수 있는 활동들을 강조해서 표시하라.
3. 그런 다음 당신의 팀 및/또는 조직에 가장 큰 가치를 창출하는 활동들을 다른 색상으로 강조해서 표시하라.
4. 2와 3에서 강조한 활동들을 확인하라. 그 활동들은 당신의 에너지를 가장 집중할 수 있는 것들이다.
5. 목록에 있는 다른 업무는 누구에게 위임할 수 있는지 생각해 보라.

효과적으로 위임하는 것에 대한 나의 개인적인 메모

....

....

....

....

....

....

....

26 문제를 해결하라

What......
문제를 해결한다는 것은 무슨 의미인가?

우리는 일상생활을 하면서 어려움을 느끼거나 장애를 만나게 되면 문제_{problem}가 발생했다고 생각한다. 문제란 "불만족스럽고 다루기 힘들다고"[17] 지각되는 상황을 말한다. 구체적으로 말하면, 문제란 원하는 목표와는 다른 현재 상황 때문에 불편하고 답답하며 고통스러운 딜레마 또는 어려움을 의미한다. 문제해결_{problem solving}은 당신의 팀이 장애나 어려움을 극복하고 공동의 목표에 도달하도록 하는 방식으로 **이러한 불만족스러운 상황을 다루는** 과정이다.

Why......
문제해결이 왜 중요한 리더십 기술인가?

우리는 변화만이 유일하게 변함이 없는 복잡한 세상에 살고 있다. 『간결한 리더십 교과서The Concise Leadership Textbook』의 저자 다니엘 피티노 Daniel Pittino 는 "복잡한 상황에는 많은 '사악한 문제wicked problems'가 수반된 다."고 기술하면서, 그러한 문제는 "적절한 리더십을 통해서만 해결될 수 있다."고 덧붙이고 있다.[18] 그는 '사악한 문제'를 초기에 원인이 명확하지도 않고 어떻게 다루어야 할 것인지 미리 정해진 해결책도 없는 문제라고 일컫는다.

효과적이거나 신뢰할 수 있는 것으로 입증된 절차와 규칙을 적용하여 해결될 수 있는 간단한 문제와는 달리, 사악한 문제는 리더의 지도하에 협력적인 문제해결의 노력으로만 해결될 수 있다. 그러므로 피티노는 "리더십 효과성은 궁극적으로 사악한 문제를 해결해 나가는 능력에 의해서 평가될 수 있다."[19]고 결론지었다. 다시 말하면, 사악한 문제가 존재하기 때문에 우리는 공동목표에 도달하기 위해 사회적 영향력을 발휘하는 능력인 리더십이 필요한 것이다.

How......
팀과 함께 문제를 해결하려면 어떻게 해야 되는가?

체계적인 문제해결의 과정은 다음과 같은 다섯 단계를 포함한다 (문제해결의 '5Cs'라고도 알려져 있다).[20]

1. **명료화**_{Clarify}**: 당신이 올바른 문제를 해결하고 있는지 확인하라.** 올바른 대답을 찾기 전에 먼저 올바른 질문을 해야 한다. 당신이 해결하고 있는 문제가 어떤 것인지 명확하게 정의하려고 노력하라. 서면 형식으로 하는 것이 이상적이다(예: "**문제는 ……이다.**"). 그런 다음 문제 상황과 관련된 다른 사람들의 목표뿐만 아니라 당신이 달성하고 싶은 목표를 명확하게 이해했는지 확인하라.

2. **원인**_{Causes}**: 올바른 진단을 하라.** 2단계는 문제의 근본 원인(혹은 원인들)을 알아내기 위해 문제 상황에 관한 데이터를 수집하는 것이다. 훌륭한 의사는 철저한 진단을 하지 않고서는 절대로 치료법을 처방하지 않을 것이다. 리더로서 당신도 이러한 좋은 관행을 따라야만 한다.

3. **창조**_{Create}**: 유망한 해결책을 찾아라.** 일단 당신이 문제의 원인을 이해했다면(또는 적어도 문제의 원인이 무엇일지에 대한 좋은 생각이 있다면), 그 문제가 어떻게 해결될 수 있는지에 대한 아이디어를 수집할 때이다. 유망한 해결책을 찾는 좋은 방법은 이전에 비슷한 문제 상황을 극복한 적이 있는 다른 사람들에게 물어보는 것이다. 도움을 요청하는 것을 부끄러워하지 마라! 당신은 또한 팀과 함께 가능한 해결책을 브레인스토밍할 수 있고, 또는 로직 트리_{logic tree}(역자 주: 논리와 나무의 합성어인 로직 트리는 문제의 원인을 논리적으로 분해하고 나무 모양으로 나열해서 궁극적으로 해결의 진행 방식과 실마리를 찾고자 하는 것)나 마인드맵_{mind maps}(역자 주: 마치 지도를 그리듯이 줄거리를 이해하며 정리하는 방법이자 생각을 정리하는 것)과 같은 아이디어 생성 기법을 사용할 수 있다(문제에 대한 유망한 해결책을 찾기 위한 방법을 보다 자세히

다룬 필자의 저서 『그것을 해결하라! 영리한 문제해결사의 마인드셋과 도구Solve it! The Mindset and Tools of Smart Problem Solvers』를 참조 바람).

4. **선택**Choose: **최적의 해결책을 결정하라.** 여러 잠재적인 유망한 해결책을 찾았다면, 각각의 장단점을 따져 보고 당신의 목표를 달성하는 데 가장 최적의 해결책을 선택하라. I^2 메트릭스(**기술 24 올바른 우선순위를 정하라**의 기술 연마하기 참조)는 영향이 가장 크면서 실행하기가 쉬운 해결책을 당신이 찾는 데 도움이 될 수 있다.

5. **전념**Commit: **최적의 해결책을 실행하라.** 일단 마음에 드는 해결책을 찾았다면 이제 조치를 취할 시간이다. 문제를 해결하기 위한 아이디어를 당신과 팀원을 위한 구체적인 조치 단계로 전환하라. 더 큰 계획이라면 프로젝트 계획을 세워라. 당신이 문제를 해결하기 위해 필요한 다른 사람들의 전력투구를 얻어 내고 당신의 계획을 실행하도록 시작하라(그리고 그 과정에서 진행 상황을 검토하는 것을 잊지 마라).

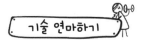

기술 연마하기

문제해결을 위해 스마트한 브레인스토밍 사용하기

브레인스토밍brainstorming은 한 집단의 사람들이 서로 판단하지 않고 문제의 가능한 해결책에 대한 아이디어를 자유롭게 공유하는 아이디어 생성 기법이다. '정상적인' 브레인스토밍 세션에서 자주 발생하는 문제는 일부 사람들이 회의를 지배하고 다른 사람들(대체로 보다 내성적인 팀원들)은 편안함을 느끼지 못하고 실제로 할 수 있는 것보다 적게 기여하는 경향이 있다는 점이다. '**스마트한 브레인스토밍** smart brainstorming'은 다음 네 단계[21]를 취함으로써 이러한 문제를 극복하려고 한다.

1. 먼저 팀원들이 개별적으로 가능한 해결책에 대해 작업하도록 한다.
2. 그런 다음 소집단으로 그들의 아이디어를 논의한다.
3. 아이디어를 흡수하는 데 중요한 휴식을 취한다.
4. 그런 다음 모든 사람에게 서로의 아이디어를 공유하고 구축하도록 요청하는 집단 토의를 시작한다.

문제를 해결하는 것에 대한 나의 개인적인 메모

....

....

....

....

....

27 더 나은 결정을 내리라

What……
더 나은 결정을 내린다는 것은 무슨 의미인가?

결정을 내린다는 것은 **해야 할 것과 하지 말아야 할 것을 신중하게 선택하는 것**을 의미한다. 의사결정은 모든 관련 당사자의 모든 목표를 달성하는 것이 불가능한 상충 관계trade-offs가 수반된 상황에서 필요하다. 결국, 목표를 달성할 수 있는 한 가지 선택밖에 없다면 정말 결정할 필요가 없다. 그러므로 결정을 내린다는 것은 항상 무언가(또는 누군가)에 대해 결정을 내리는 것을 의미하며, 이는 일부 사람들이 종종 결정을 내리는 것을 꺼리는 이유 중 하나이기도 하다.

상충 관계 외에도 실제 결정에는 당신이 통제할 수는 없지만 최종 결과에 영향을 미치는 몇 가지 요소가 관련되어 있음을 의미하는 불

확실성이 어느 정도 수반된다. 상충 관계와 불확실성이 존재하다는 것은 더 나은 결정이 반드시 '완벽한' 결과로 이어지는 것은 아니라는 것을 의미한다(결과는 당신이 통제할 수 없는 외부 요인에 의해서도 결정되기 때문이다). **더 나은 결정**이란 ① 신중하고 사려 깊게 내려지고, ② 모든 관련 정보(모든 관련 당사자의 관점으로부터 획득한)를 고려하고, ③ 다른 사람들에게 명확하게 설명될 수 있는 결정이다.[22]

Why......
더 나은 결정을 내리는 것이 왜 중요한 리더십 기술인가?

팀원들은 리더에게 결정을 내릴 것을, 특히 어렵고 힘든 결정을 내릴 것을 기대할 것이다. 리더로서 당신은 방향을 설정하고, 중요한 것과 중요하지 않은 것을 구별할 필요가 있다. 당신이 우유부단하게 안전하게 행동할 수도 있지만 궁극적으로 리더로서의 신뢰를 망칠 수 있다. 당신은 어느 방향으로 가야 할지 전혀 모르는 사람을 따르고 싶은가? 그렇지 않을 것이다.

또한 대부분의 팀원들은 사실을 완전히 이해하려고 노력하지 않거나 다양한 선택을 신중하게 고려하지 않고 단지 결정을 내리는 사람들, 그리고 어떤 경로가 최상의 경로라고 확신하는 이유를 명확하게 전달할 수 없는 사람들을 경계할 것이다. 요컨대, 당신이 팀과 신뢰를 쌓고 싶다면 더 나은 결정을 내리도록 노력하라.

How······
더 나은 결정을 내릴 수 있으려면 어떻게 해야 되는가?

신중하고 사려 깊은 의사결정의 과정을 간단하면서도 강력하게 설명한 버전은 다음과 같다.

1. **당신의 목표를 분명히 하라.** 당신의 팀이 달성하고 싶어 하는 것이 무엇인가? 다른 사람들은 무엇을 달성하고 싶어 하는가? 종종 상충 관계가 수반되므로 가장 중요한 것부터 가장 중요하지 않은 것에 이르기까지 목표의 순위를 매기는 것이 합리적일 수 있다.
2. **당신의 옵션을 고려하라.** 당신이 갖고 있는 대안은 무엇인가? 각 옵션에 대해 당신은 그것이 가장 중요한 목표를 달성하는 데 얼마나 도움이 되는지(혹은 방해가 되는지)를 평가할 수 있다(예: '+'부터 '+++'까지, 그리고 '-'부터 '---'까지의 척도로).
3. **당신의 목표에 가장 가까이 도달할 수 있는 옵션을 선택하라.** 만약 의심이 된다면 한 사람 혹은 한쪽(당신을 포함하여)보다는 전체 팀이나 조직에 최상인 옵션을 항상 선택하라.

이러한 간단한 3단계의 과정을 따른다면, 당신이 왜 그와 같은 결정을 내렸는지에 대한 합리적 근거를 다른 사람들에게 설명할 수 있을 것이다. 많은 위험이 도사리고 있는 경우, 당신은 최종적으로 결정을 내리기 전에 각 옵션에 수반된 **위험성**과 **중대한 불확실성**(당신이 통제할 수 없지만 최종 결과에 영향을 미칠 수 있는 요소)을 주의 깊게 조사하고 싶어 할 것이다.

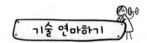

더 나은 결정을 내리기 위한 탬플릿

다음번에 당신이 어떤 결정을 해야 할 경우에 당신의 옵션에 대한 더 나은 개요를 얻으려면 아래 템플릿을 사용하라. '+'에서 '+++'까지, 그리고 '-'에서 '---'까지의 목표와 평가는 당신 자신의 상황에 맞게 조정해야 하는 예일 뿐이다.

목표	투자 수익이 가능함	이해당사자에 의해 수용됨	실행이 빠름	낮은 위험	전체
옵션 1	+	+	++	-	4+ 대 1-
옵션 2	+++	--	--	+	4+ 대 4-
옵션 3	++	++	-	++	6+ 대 1-

이 경우 플러스 포인트가 6개이고 마이너스 포인트는 1개뿐인 옵션 3이 가장 좋은 것 같다. 그런 다음 당신은 또한 목표의 상대적 중요성을 고려해야 한다. 실행 속도가 그다지 중요하지 않다면 옵션 3은 특히 유망해 보인다. 하지만 실행 속도가 아주 중요하다면 당신은 옵션 1을 대안으로 고려해 볼 수도 있다.

더 나은 결정을 내리는 것에 대한 나의 개인적인 메모

....

....

....

....

....

....

....

....

....

....

....

....

....

28 병목 현상을 파악하라

What……
병목 현상을 파악한다는 것은 무슨 의미인가?

병목 현상_{bottleneck}을 간단히 정의하면 시스템의 혼잡, 즉 진행 상황을 느리게 하는 혼잡이다. 생산 시스템에서는 일반적으로 작업 흐름_{workflow}에서 용량이 가장 낮은 지점이다. 이 지점에서 작업이 쌓이면 전체 과정의 속도가 느려진다. 프로젝트 관리에서 병목 현상은 후속 작업을 지연시키거나 심지어는 중단시키는 작업 기간이다. 조직에서 병목 현상은 조직이 잠재력을 최대한 발휘하지 못하도록 방해하는 가장 제한적인 요소이다.

병목 현상을 파악한다는 것은 전체 시스템의 수행을 제한하는 주요 요소를 찾는 것을 의미한다. 일단 병목 현상을 찾으면 이것을 처리하는 것을 우선순위로 삼을 수 있으며, 이는 일반적으로 팀의 생산성과 성과에 큰 변화를 가져다줄 것이다.

Why⋯⋯
병목 현상을 파악하는 것이 왜 중요한 리더십 기술인가?

병목 현상은 프로젝트가 지연되고, 비용이 누적되고, 정보 흐름이 중단되며, 팀원들이 잠재력을 최대한 발휘할 수 없어 좌절하게 되는 이유이다. 병목 현상을 파악하여 처리하는 것은 이러한 문제를 극복하도록 하는 데 도움이 될 것이다. 병목 현상이 해소되면 당신의 팀이 발전하고 있다는 느낌을 받을 수 있다. 이는 성과뿐만 아니라 팀의 동기부여에도 긍정적인 영향을 미칠 수 있다.

How⋯⋯
병목 현상을 파악하려면 어떻게 해야 되는가?

일반적으로 우리는 다음과 같은 두 가지 유형의 병목 현상을 구분할 수 있다.

1. 성과 문제로 인해 발생하는 병목 현상
2. 시스템에 내재된 병목 현상

'유형 1'의 병목 현상(성과 문제로 발생하는 것)은 한 명 또는 여러 명의 팀원이 적절한 시간 및/또는 적절한 품질로 작업을 제공하지 않아 작업 결과에 의존하는 다른 모든 다른 사람들의 성과가 느려지거나 제한될 때 발생한다. 이러한 성과 기반의 병목 현상을 해결하기 위한 방법에 대한 아이디어는 **기술 34 책무성을 보장하라**와 **47 성과 문제를 해결하라**를 살펴보라(문제가 반드시 '나쁜 작업'에 의한 것이 아닌 자원 부족이나 특정 기능 부족으로 인해 발생할 수도 있다는 점을 명심하라).

'유형 2'의 병목 현상('시스템에 내재'된 것)은 간파하기가 더 까다로울 수 있다. 개별 팀원 모두가 최선을 다할 때 발생하지만, 팀이 성과 잠재력을 최대한 발휘하지 못하게 하는 다른 요인들(예: 비효율적인 작업 흐름, 불분명한 역할 분배와 소통 구조, 데이터 부족 또는 조직 문화의 해로운 측면) 때문에 발생하기도 한다.

그렇다면 병목 현상을 어떻게 찾을 수 있을까? 한 가지 방법은 병목 현상의 전형적인 증상, 즉 진전을 이루는 데 필요한 특정 결과를 기다리는 데 오랜 시간이 걸리는 것, 어딘가에 쌓이는 작업, 또는 팀의 특정 부분에서 높은 스트레스와 좌절 수준을 찾는 것이다. 만약 병목 현상을 찾는 데 보다 체계적이고 싶다면, 시스템을 시각화하기 위한 기법을 사용해 보라. 시각화 기법의 한 가지 예는 **과정 순서도** process flowchart 인데, 이는 어떤 결과물을 창출하기 위해 완수해야 할 작업을 순서대로 그리는 것이다. 그런 다음 이 순서도를 사용하여 병목 현상과 관련된 문제가 어디서 발생하는지 그 위치를 찾을 수 있다(예: 각 단계의 사이클 시간/지연을 측정하거나 대기하고 있는 줄이나 좌절한 팀원이 있는 위치를 식별하여). 또한 '피라미드 원리'(**기술 23 목표를 분명히 하라**에 있는 기술 구축 연습을 참조)를 사용하여 특정 시스템

의 최적한 결과를 정의하고 그 결과에 기여하는 요소들의 피라미드
를 그려 볼 수 있다. 그런 다음 병목 현상의 유력한 후보인 피라미드
에서 이상적인 상태로부터 가장 많이 벗어나는 요소를 찾도록 노력
하라.

  시스템에서의 병목 현상을 파악했으면, 문제해결 기술(**기술 26 문
제를 해결하라** 참조)을 사용하여 그 병목 현상을 처리하라. **병목 현상을
처리할 수 있는 가능한 방법**은 자원을 추가하고(더 많은 사람이 작업하도
록 하는 것), 병목 현상에 대한 부담을 줄이거나(예: 작업이 병목 현상
에 도달하기 전에 '완벽한 형태'인지 확인하는 것), 또는 병목 현상 발생
시 작업을 처리하기 위한 다른 방법(예: 작업 흐름에서 한 단계를 디지
털화하는 것)을 찾는 것이다.[23]

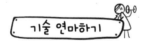

병목 현상을 파악하기

  당신이 관찰하고 있는 어느 시스템에서 병목 현상을 파악하고 처
리하기 위해 다음 단계에 따라 진행해 보라.

1. 시스템의 주요 결과를 규정하라.
2. 결과를 얻기 위해 필요한 활동들을 시각화하라.
3. 가장 많은 문제를 야기하는 활동을 찾아라(긴 대기 시간, 작업 누
   적, 팀원의 스트레스 등 혼잡 측면에서).
4. 이러한 병목 현상 활동을 처리하기 위한 방법을 모색하라.

5. 다시 3으로 돌아가라(하나의 병목 현상을 성공적으로 처리할 때마다 항상 또 다른 병목 현상이 나타나기 때문에).

병목 현상을 파악하는 것에 대한 나의 개인적인 메모

....

....

....

....

....

....

....

....

....

....

29 불필요한 것을 제거하라

What……

불필요한 것을 제거한다는 것은 무슨 의미인가?

불필요한 것을 제거하는 방법을 배우는 것은 일에 집중하는 데 중요하다. 당신 자신과 팀의 우선순위를 정했으면(**기술 24 올바른 우선순위를 정하라** 참조), 항상 당신에게 방해가 되는 덜 중요한 일로부터 우선순위를 보호해야 한다.

이럴 때 당신이 따를 수 있는 다음의 두 가지 전략이 있다.

1. 우선순위가 아닌 새로운 작업을 수행하지 않는다(즉, 새로운 요구에 대해 '아니요'라고 말한다).
2. 당신이 이미 착수한 중요하지 않은 작업을 의도적으로 제거한다.

여기서 전략 2는 소위 불필요한 것을 제거하는 것이다. 그것은 정말 중요한 일을 위한 보다 많은 공간을 만들기 위해 덜 중요한 기존 작업의 수와 헌신할 일을 적극적으로 줄이는 것이다.

Why⋯⋯
불필요한 것을 제거하는 것이 왜 중요한 리더십 기술인가?

리더로서 당신은 책임을 갖고 있는 것(예: 팀이 제공하는 결과물과 서비스, 혹은 조직의 구조와 과정 및 시스템)을 항상 개선하고 싶어 할 것이다. 많은 리더는 불행하게도 개선을 가져오는 가장 좋은 방법은 새로운 것을 추가하는 것이라고 생각하도록 조건화되어 있다. 그들은 새로운 프로젝트와 계획을 실행하기 시작하고, 이것이 그들이 리더로서 얼마나 '적극적'인가를 보여 주는 데 도움이 된다. 그러나 그렇게 끊임없이 새로운 것을 추가하는 방식은 종종 재앙으로 끝나기도 한다. 그것은 당신의 팀에게 업무 과부하와 피로를 가져다줄 가능성이 높다. 그리고 아마도 당신은 끝이 없는 경쟁에 갇혀 있는 것처럼 느껴질 수도 있다.

그러므로 올바른 **우선순위**를 정하는 것 외에도 올바른 **사후순위**, 즉 더 이상 하지 말아야 할 일을 정할 수 있어야 한다. 불필요한 것들을 체계적으로 정리하면 당신과 팀이 다시 필요한 것들, 즉 큰 목표를 달성하고 실제 목적을 완수할 수 있게 해 주는 작업과 계획에 집중하는 데 도움이 될 것이다.

How......
불필요한 것을 제거하려면 어떻게 해야 되는가?

경영전문가 프레드문트 말릭_{Fredmund Malik}은 그가 일컬은 "불필요한 활동의 쓰레기에 휩싸이게 되는 것"을 피하기 위해서 다음과 같은 접근방법을 제안했다.[24]

- 정기적으로(최소한 1년에 한 번) **당신이 무엇을 제거해야 하는지 논의하고 결정할 목적으로만 팀 미팅**을 개최하라.
- 이 미팅에서 "우리의 활동 중 어떤 것이 가장 가치를 적게 부여하는가?" "지금 우리가 하고 있는 일을 살펴보면 오늘 다시 시작하지 못할 일은 무엇인가?" "우리는 무엇을 중단해야 하는가?" 등의 질문을 하라.

많은 규칙, 절차, 양식, 보고서, 미팅, 또는 기타 활동들은—당신이 현재 제공하고 있는 제품이나 서비스 혹은 당신이 서비스를 제공하고 있는 고객들조차도—도입 당시에는 완벽하게 이해되었을 수도 있다. 그러나 빠르게 변화하는 세상에서는 그것들을 다시 살펴보고 그동안 구식이 되었거나 쓸모없게 된 것은 아닌지 솔직하게 평가하는 것이 좋다.

또한 미국의 리더십 저자 마이클 하얏트_{Michael Hyatt}는 수시로 **약속을 필터링**하여 불필요한 약속을 정리하라고 권장한다. 불필요한 약속은 당신이 정말로 열정적이지 않은 것, 정말로 당신의 핵심 목적에 일치하지 않은 것, 혹은 당신이 기술과 강점을 가지고 있지 않은 것을 하도록 요구하는 요청에 너무 빨리 수락한 것일 수 있다. 하얏트는 또한 "성실한 사람은 약속을 지켜야 한다."고 강조하긴 하지만, 당신 은 여전히 다음과 같은 방법으로 기존의 약속으로부터 스스로 협상 을 시도할 수 있다고 말한다.[25]

- 먼저, 필요한 경우 당신의 약속을 계속 유지할 의향이 있음을 분명히 한다.
- 당신 자신의 약속을 유지할 경우 상대방에게 최선의 결과가 되 지 않는 이유를 설명한다.
- 상대방이 대안적인 해결책을 찾도록 도와준다.

예를 들어, "저를 이 위원회에 초대해 주셔서 다시 한번 감사드립니다만, 지금 은 제가 이 위원회에 합류한 것이 실수였다는 것을 깨달았습니다. 제가 여기서는 정말로 많은 가치를 보탤 수 없다고 느끼기 때문이죠……. 제가 이 위원회에 보다 더 전문성을 보태 줄 수 있는 누군가를 찾는 것을 도와준다면 이 책임에서 저를 해 방시켜 줄 의향이 있으신지요?"[26]와 같은 몇 문장을 시도해 볼 수 있다.

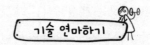

불필요한 것을 제거하기

근무 주간이 끝나면 당신이 한 주 동안 참여했던 모든 활동을 열 거해 보라. 두세 가지 불필요한 활동을 확인하기 위해서 "이 활동 중 어떤 것이 가장 가치를 덜 보태 주는가?"와 "내가 오늘 다시 시작하지 않아야 할 활동은 무엇인가?"와 같은 질문을 사용하라. 그런 다음 당신이 앞으로

이러한 중요하지 않은 활동을 제거하기 위해 취할 조치 계획을 준비
하라.

불필요한 것을 제거하는 것에 대한 나의 개인적인 메모

....

....

....

....

....

....

....

....

....

....

....

30 시간을 현명하게 사용하라

What······
시간을 현명하게 사용한다는 것은 무슨 의미인가?

리더십 역할을 함에 있어서 하고 싶은 모든 것을 할 시간이 결코 없을 것이라는 점을 직시해야 한다. 그렇기 때문에 제한된 시간 내에 해야 할 일(그리고 하지 말아야 할 일)을 의도적으로 선택해야 한다.

당신의 시간을 현명하게 사용한다는 것은 **정말 중요한 일만 하는 것,** 즉 당신과 팀이 당신의 목적을 달성하고 목표에 도달하는 데 도움이 될 우선순위에 초점을 두는 것을 의미한다. 이 장에서 이미 배운 기술들—당신의 목적과 목표 및 우선순위를 정하는 것부터 병목 현상을 확인하고 불필요한 것을 제거하는 것까지—은 정말로 중요한(그리고 당신이 시간을 써야 할) 활동과 가치가 덜한 활동을 더 잘 구분하도록 도와줄 것이다. 이제 당신의 시간을 더 잘 관리할 수 있는(따라서 보다 시간을 현명하게 사용할 수 있는) 몇 가지 실제적인 방법을 추가해 보기로 하자.

Why......
시간을 현명하게 사용하는 것이 왜 중요한 리더십 기술인가?

당신이 자신의 시간을 잘 관리할 수 있다면 중요한 일들을 해낼 수 있다. 당신이 목표를 달성하는 데 도움이 되는 활동에 보다 많은 시간을 쏟는다면 목표에 도달할 가능성이 더 커질 것이다. 또한 당신이 자신의 시간을 사용하는 방법을 통제하고 있다고 느낄 때 스트레스를 덜 받게 될 것이다.

How......
시간을 현명하게 사용하려면 어떻게 해야 되는가?

당신의 시간을 현명하게 사용한다는 것은 **당신의 목적을 실현하고 가장 중요한 목표에 도달하는 것과 관련된 활동을 위해 대부분의 작업 시간을 마련하여 비축해 두는 것을** 의미한다. 이를 실현하기 위한 주요 전제조건은 이 장에서 이미 논의한 다른 기술(예: 목적 정의, 목표 설정, 우선순위 결정)에 능숙해지는 것이다. 일단 우선순위가 명확해지면 다음 세 가지 간단한 방법을 사용하여 정말로 중요한 일을 완료하는

데 시간을 투자할 수 있다.[27]

- **한 번에 하나의 큰일에 집중하라.** 너무 많은 일을 동시에 하지 말고 대신 정말로 중요한 프로젝트 하나를 최우선 순위로 삼고 그것을 완료할 때까지 정기적으로(매일!) 일하라. 그런 다음에 비로소 다음 큰 프로젝트의 일을 시작하라. 이렇게 하면 새로운 작업에 몰두할 필요가 있을 때마다 발생하는 전환 비용을 절감하게 될 것이다. 또한 중요한 프로젝트가 어떻게 진행되고 있는지를 매일 확인하는 것도 당신과 팀에게 매우 동기부여가 될 것이다(집중하여 '전력투구'해야 되는 일에서 팀워크를 조직하는 방법에 관해서는 **기술 37 민첩한 팀을 만들라** 참조).

- **두 가지 해야 할 일 목록을 가지고 작업하라.** 첫 번째 해야 할 일 목록은 당신이 필요하거나 하고 싶은 모든 것을 적어 둘 수 있는 '열린' 목록이다. 그 목적은 단지 당신의 머리에서 일을 꺼내는 것이다. 해야 할 일 아이템이 종이에 기록되면 당신은 더 이상 그것을 마음속에 간직할 필요가 없다. '열린' 목록은 매우 길 수 있다. 두 번째('닫힌') 해야 할 일 목록은 매우 짧아야 한다. 그것은 고정된 수(이상적으로는 5개 이하)의 정말 중요한 할 일 아이템을 포함한다. 이것이 당신이 작업해야 할 아이템이다. '닫힌' 목록에서 하나의 아이템을 성공적으로 완료한 경우에만 '열린' 목록에서 다음으로 가장 중요한 아이템을 '닫힌' 목록으로 전송할 수 있다. 당신은 '열린' 목록의 모든 작업을 완료할 수는 없지만, 두 가지 목록 시스템은 항상 당신이 정말로 중요한 일에 시간을 쏟도록 이끌 것이기 때문에 전혀 괜찮다는 점을 인지하라.

• **당신의 시간을 조직하기 위한 시간을 가지라.** 리더로서나 팀으로서나 당신의 우선순위를 정기적으로 성찰하기 위한 시간을 마련하는 것은 항상 성과를 거둘 수 있는 투자이다. 예를 들어, 마이클 하얏트_{Michael Hyatt}는 주간 미리보기 회의(예: 금요일 오후)를 제안한다. 이 회의에서는 30분 동안 지난 한 주를 검토하고(배움과 가장 큰 성과를 포함하여), '열린' 해야 할 일 목록을 살펴보고, 다음 주에 대한 우선순위와 '닫힌' 해야 할 일 목록을 결정한다.

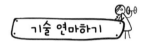

기술 연마하기

시간을 현명하게 사용하기

한 시간을 따로 떼어 놓고 그 시간에 방해받지 않는지 확인하라. 다음 4주 동안 시간을 현명하게 사용할 방법을 계획하기 위해 다음 세 단계를 따르라.

1. 목적을 완수하고 주요 목표를 달성하기 위해 어떤 활동(2~3개)이 가장 중요한지 생각해 보라.
2. 다음 4주 동안 이러한 우선순위 활동을 달력에 기록하라. 각 활동마다 충분한 시간을 확보하라(여기서는 약간의 여유를 두어라).
3. 우선순위 작업에 대한 진행 사항을 검토하기 위해 일주일에 한 번 '자신과의 만남'을 계획하라.

시간을 현명하게 사용하는 것에 대한 나의 개인적인 메모

....

....

....

....

....

....

....

....

....

....

....

....

승리하는 팀을 구축하라

당신은 이 장을 통해 다음을 수행할 수 있다.

- 훌륭한 팀 정신으로 민첩하고 고성과의 팀을 구축하기 위해 올바른 조치를 취한다.
- 팀에 대한 신뢰, 친화감 및 책무성을 형성하고 유지한다.
- 가상 팀을 이끄는 데 필요한 특정 요구사항을 인식한다.
- 팀 내 갈등을 관리한다.
- 효과적인 네트워킹을 통해 확장된 팀을 구축한다.

"재능은 경기에서 이기게 하지만, 팀워크와 지성은 우승컵을 들게 한다 Talent wins games, but teamwork and intelligence wins championships."[1]고 농구 슈퍼스타 마이클 조던 Michael Jordan 이 말했다. 이 말은 스포츠에만 국한되는 것이 아니라 모든 분야의 팀들에게 해당된다. 지성적인 리더라면 효과적인 팀워크에 존재하는 힘을 발휘하는 방법을 알아야 한다.

팀에 재능 있는 사람을 두는 것은 상당한 이점이 될 수 있다는 것은 의심의 여지가 없다. 이 장의 첫 번째 기술(**적합한 인물을 팀에 배치**

하라)은 이 문제를 해결해 줄 것이다. 하지만 그다음에는 팀원들이 리더인 당신과는 물론 팀원들 간에 상호작용하고 협력하는 방법이 중요하다.

승리하는 팀에서는 자신의 책임이 무엇인지 아는(그리고 그것에 대해 책임감을 느끼는) 팀원들, 높은 수준의 신뢰, 생산적인 상호작용(특히 팀 미팅에서), 좋은 개인적 관계, 갈등을 처리하는 건설적인 방법, 그리고 팀과 목표를 향한 모든 사람의 강한 헌신을 찾아볼 수 있다. 이 장에서 다루는 기술을 사용하면 당신의 팀에서도 이 모든 일이 일어날 수 있다.

또한 하나의 팀으로서 당신의 목적을 완수하고 목표를 달성하는 데에 도와줄 수 있는 사람들로 구성된 '확장된 팀'을 육성하기 위해 가상 팀을 이끌고, 민첩한 팀을 만들고, 현명한 네트워킹 전략을 사용하는 것에 대한 몇 가지 팁도 이 장을 통해 알게 될 것이다.

31 적합한 인물을 팀에 배치하라

What……
적합한 인물을 팀에 배치한다는 것은 무슨 의미인가?

갤럽Gallup 리더십 조사에 따르면, 리더가 효과적이 되기 위한 가장 중요한 필요조건 중 하나가 "주변에 적합한 인물을 두는 것"[2]이다. 팀에 적합한 인물을 선발하는 것은 **적합한 기술과 올바른 태도를 겸비한** 사람들을 찾아서 채용하는 것을 의미한다.

그것은 쉬운 일이 아님에 틀림없지만, 리더의 역할에서 가장 중요한 것 중 하나이다. 팀에 적합한 인물을 선발하는 것만큼 리더로서 당신의 성공 가능성에 영향을 미치는 다른 선택은 없다.

Why……
적합한 인물을 팀에 배치시키는 것이 왜 중요한 리더십 가술인가?

팀은 오로지 팀원들의 합만큼만 훌륭할 수 있다. 팀에 속한 개인들의 질은—서로 협업하고자 하는 그들의 의지와 역량과 결합하여—당신이 리더로서 달성할 수 있게 될 결과의 질을 크게 좌우할 것이다.

적합한 인물을 합류시키는 것은 당신이 팀과 함께 달성할 수 있게 될 결과에만 큰 영향을 미치는 것은 아니다. 그것은 또한 다음과 같은 영향을 미칠 수 있다.

- **시간을 절약한다**(새로운 팀원들이 적절한 자격을 갖추고 있으면 교육이 덜 필요할 것이다).
- **생산성이 증가한다**(새로운 팀원들이 기존 팀의 작업 완료를 지원하게 될 새로운 기술을 도입하기 때문이다).
- **팀 사기가 진작된다**(새로운 팀원들이 팀에 중요한 새로운 기술과 경험을 도입하고 다른 팀원들을 지원하고 격려할 때).
- **많은 돈과 노력을 아끼게 해 준다**(지원자가 적합한 인물이 아니라고 판명되면 대체자를 찾는 데 투자해야만 할 것이다).

요컨대, 주변에 적합한 인물들이 있으면 리더로서의 삶이 훨씬 더 수월해질 것이다. 결국 좋은 사람은 일을 잘 수행할 것이고, 그것은 리더가 업무적인 세부사항에 너무 많이 몰두하는 대신에 리더십 역할에 더 집중하도록 해 줄 것이다.

How······
적합한 인물을 팀에 배치시키려면 어떻게 해야 되는가?

적절한 인물을 합류시키기 위해서는 다음과 같은 단계를 취하라.[3]

1. **명확한 직무 프로필을 만들라.** 주요 업무와 책임을 명확하게 규정하라. 이것을 직무를 맡을 잠재적인 지원자가 충족해야 하는 주요 전제조건을 확인하기 위한 기초로 삼아라. 직무에 필요하고 팀의 가치 있는 구성원이 되기 위해 필요한 개인적인 특성(예: 태도, 성격, 대인관계 기술, 동기, 근면성)뿐만 아니라 자격과 기술 요구사항을 포함시켜라.

2. **적합한 지원자를 찾아라.** 구인광고를 게시하고, 채용 대리인을 고용하며, 링크드인_{LinkedIn}과 같은 전문 소셜 미디어 네트워크에서 지원자를 찾는 것 외에도 팀원들이나 다른 신뢰할 수 있는 사람들에게 추천을 요청하는 것도 고려해 볼 수 있다. 여기에 시간과 노력을 투자하는 것을 주저하지 마라. 선택할 수 있는 적절한 지원자 인력풀이 없으면 적절한 새로운 팀원을 얻을 수 없기 때문이다.

3. **팀에 가장 적합한 인물을 선발하라.** 선발 과정은 대체로 이력서를 검토하는 것으로 시작하는데, 이 과정에서의 주된 일은 해당 직무의 주요 전제조건을 잘 충족시키는가를 살펴보는 것이다. 그런 다음에 가장 유망한 지원자를 인터뷰하고 추천인을 확인해야 한다(중요한 단계이지만 소홀히 되고 있는 경우가 너무 흔하다). 단순히 리더인 당신이 질문하고 지원자가 대답하는 형식적인

인터뷰를 행하기보다는 지원자를 더 잘 알고 지원자가 정말 직무에 필요한 기능을 갖고 있는가를 검증할 수 있는 다른 방법을 고려해 보라. 예를 들어, 프레젠테이션을 하게 하거나, 특정 시나리오에 대한 역할극을 해 보게 하거나, 건물 주변을 둘러보거나 커피를 마시게 한 후 다른 사람들과 어떻게 상호작용하는지를 살펴보라. 살펴보고자 하는 기능을 실제로 검증할 수 있는 방법에 대해 생각해 보라.

선발 과정에서 다른 팀원들을 참여시키는 것을 고려해 보라. 특히 직무 인터뷰를 할 때는 말이다. 결국 팀에 적합한 좋은 인물은 가치 있는 새로운 팀원이 되기 위한 중요한 전제조건이다.

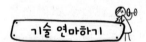

인터뷰에 창의성을 더하기

대부분의 직무 인터뷰는 획일적인 방식으로 이루어진다("이 직무에 지원한 이유가 무엇입니까?" "그동안 무슨 일을 하셨습니까?" "당신의 가장 큰 약점은 무엇입니까?"와 같은 질문으로). 모든 인터뷰 내용이 예상 가능하고 지원자들은 미리 답변을 준비한다. 그들의 가장 큰 약점이 '참을성 부족' 혹은 '완벽주의적 성향'이라는 말을 들을 가능성이 높다.

잘 준비된 인터뷰 외관facade 뒤에 숨겨진 실제 인물에 대해 더 알아보기 위해 좀 더 창의적이 되도록 노력하라. 지원자들을 진실로 있는 그대로 이해하는 데 도움이 될 수 있는 '특이한' 질문 목록을 작성

하라(예: 부모님에게서 배울 가장 존경할 만한 자질, 다른 사람들이 지원
자에 대해 가지고 있는 가장 큰 오해, 혹은 지원자의 삶에 가장 큰 영향을
미친 책에 대해 질문하는 것).[4]

적합한 인물을 팀에 배치하는 것에 대한 나의 개인적인 메모

....

....

....

....

....

....

....

....

....

....

32 역할과 규칙을 명확히 하라

What……
역할과 규칙을 명확히 한다는 것은 무슨 의미인가?

고성과 팀을 만들기 위해서는 ① 팀원들의 **상호 보완적인 기술을 효과적으로 결합**하고, ② 팀원들이 **서로 조정된 방식으로 협력**하는지 확인해야 한다. 이를 가능하게 하기 위해서는 먼저 팀의 모든 사람이 자신의 역할과 다른 팀원들의 역할을 모두 이해해야 한다. 모든 사람은 자신이 기여할 것으로 기대되는 것과 책임이 무엇인지 알아야 한다.

팀 조정team coordination은 리더의 또 다른 핵심 업무이다. 팀 조정이란 팀원들의 활동이 잘 동기화되도록 보장하는 것이다. 잘 조정된 작업을 보장하는 간단한 방법은 팀으로서 어떻게 함께 작업할 것인지를 명확히 하는 몇 가지 규칙에 대해 합의하는 것이다.

Why……
역할과 규칙을 명확히 하는 것이 왜 중요한 리더십 기술인가?

팀 작업$_{teamwork}$은 당신(그리고 다른 사람들)이 개인적으로 달성할 수 없었던 무언가를 함께 달성하기 위해 팀원들의 기술을 결합하는 것을 의미한다. 물론 당신의 기술을 잘 조율하여 결합하면 훨씬 더 효과적으로 작동할 것이다.

명확한 역할과 규칙은 효과적인 조정의 두 가지 기본 초석이다. 모든 사람이 자신의 책임이 무엇이고 어떻게 서로 협력해야 하는지를 안다면, 팀이 응집된 방식으로 공동 목표를 향해 작업하는 것이 훨씬 더 쉬워질 것이다.

How……
역할과 규칙을 명확히 하려면 어떻게 해야 되는가?

팀에는 다음과 같은 두 가지 유형의 역할이 있다.

- **전문적인 기술과 경험**을 바탕으로 하는 역할(예: 시장 조사 전문가, 스프레드시트 마법사$_{spreadsheet\ wizard}$, 또는 기술 전문가)
- **팀 역할**: 사람들이 팀 환경에서 나타내는 경향이 있는 특정 유형의 행동

팀 역할은, 예를 들어 '조정자$_{coordinator}$'(작업을 조직하고 조정하는 일을 돌보는 사람), '팀 작업자$_{teamworker}$'(팀원들의 안녕을 돌보는 사람), '자원 조사관$_{resource\ investigator}$'(팀이 외부의 자원과 정보에 접근할 수 있도록 돕는 데 중점을 둔 사람). '완성자$_{completer-finisher}$'(세부 사항에 주의를 기울이고 프로젝트 결과물이 완벽하고 오류 없이 완성되도록 노력하는 사람)가 포함될 수 있다.[5]

효과적인 팀은 일반적으로 전문성과 팀 역할을 기반으로 하는 **두 가지 유형의 역할이 다양하게 혼합**되어 있다. 팀에 적합한 사람을 혼합하고 필요한 모든 역할이 적절하게 채워지도록 하는 것은 팀 리더로서 당신의 임무이다.

만약 모든 사람이 자신의 역할과 다른 사람들의 역할을 안다면 팀 작업 또한 훨씬 더 쉬워질 것이다. 그러므로 팀 작업 중일 때뿐만 아니라 시작할 때에도 **역할과 기대를 명확히** 하기 위해 충분한 시간을 가지라. 여기에는 다음과 같은 질문에 대한 답을 찾는 것이 포함된다.

- 우리 팀에서 누가 무슨 책임을 갖고 있는가?
- 리더로서 당신과 다른 팀원들이 각 팀원에 대해 어떤 기대를 하고 있는가?
- 각 팀원은 팀 성공에 무슨 기여를 할 것인가?

팀은 명확한 역할 외에도 명확한 규칙이 필요하다. 이는 관료적 지침(팀의 헌신을 빠르게 죽일 수 있는)을 사용하여 끝없는 문서를 설정하는 것이 아니라 함께 일하고 싶은 방식에 대한 **몇 가지 기본 규칙**에 합의하는 것이다. 예를 들어, 다음과 같은 규칙이 포함될 수 있다.

- 협력의 기본 규칙(예: 참여, 기밀유지, 혹은 책무성에 관한 것)
- 팀 내에서 의사소통을 하는 방법
- 의사결정을 하는 방법(기술 27 더 나은 결정을 내리라 참조)
- 갈등을 해결하는 방법(기술 38 갈등을 관리하라 참조)

함께 작업하는 규칙과 일상 업무가 여전히 적합하고 실용적인지 팀에서 함께 숙고하는 것이 때때로 의미가 있는 것은 물론이지만, 팀이 새로 구성될 때 기본 규칙에 대해 논의하고 합의하는 것은 좋은 습관이다.

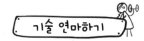

기술 연마하기

팀 프로세스에 대해 성찰하기

역할과 조정 규칙의 명확성에 특히 중점을 두고 팀 프로세스의 질에 대해 토론하는 팀을 위한 성찰 미팅 일정을 잡아라. 미팅에서 다음과 같은 질문을 던져라.[6]

- 우리는 팀 작업에서 우리의 주요 목표와 목적에 분명히 집중하고 있는가?
- 누가 무엇에 책임이 있는지 모두가 알고 있는가?
- 우리 팀의 규범 또는 기본 규칙이 무엇이며, 그 규범이나 규칙이 우리가 잘 수행할 수 있도록 돕고 있는가? (또는 우리가 함께 작업하기 위한 접근방식에서 변경해야 할 것이 있는가?)

• 팀 프로세스가 공정하다고 보는가?

역할과 규칙을 명확히 하는 것에 대한 나의 개인적인 메모

....

....

....

....

....

....

....

....

....

....

33 신뢰와 친밀감을 형성하라

What……
신뢰와 친밀감을 형성한다는 것은 무슨 의미인가?

신뢰$_{trust}$란 상대방이 정직하고 믿을 수 있으며 좋은 의도를 가지고 있다는 신념이다. 친밀감$_{rapport}$은 쌍방이 공공연하게 감정을 표현하는 것이 안전하다고 느끼고 서로에 대해 배려하고 이해하는 방식으로 상호작용하는 다정하고 조화로운 관계이다.

신뢰와 친밀감은 서로 밀접한 관계를 갖고 있으며, 모두가 팀 성공을 보장하는 중요한 요소이다. 팀의 리더로서 당신은 일이 행해지도록 하는 것은 물론, 신뢰와 친밀감에 바탕을 둔 팀 내의 좋은 관계를 구축하는 것에 중점을 두어야 한다.

Why……
신뢰와 친밀감 형성이 왜 중요한 리더십 기술인가?

팀원들 상호 간에 신뢰가 없고 친밀감도 없는 팀을 이끈다고 상상해 보라. 이런 팀에서는 열린 의사소통의 결여와 정보 공유의 제한을 예상할 수 있다. 팀원들은 서로 성공을 도와주기보다는 아마도 다른 사람들이 자신들을 이용할까 봐 두려워하고 안전하게 행동하며 비판이나 잘못된 일에 대한 비난으로부터 자신을 보호하고자 할 것이다.

연구자들은 **신뢰가 지식 공유와 팀 성과에 유의한 긍정적 효과가 있다**는 것을 관찰하였다.[7] 상호 신뢰하는 팀원들은 정보와 아이디어를 공유하고, 서로 솔직한 피드백을 주며, 서로 문제를 해결하는 데 도움을 주고자 한다. 보다 높은 수준의 신뢰와 친밀감은 리더인 당신이 보다 힘든 시기를 보내고 있을 때 특히 중요한 더욱 강하고 응집력 있는 팀을 만들어 줄 것이다.

How……
신뢰와 친밀감을 형성하려면 어떻게 해야 되는가?

리더로서 당신은 신뢰와 친밀감 있는 팀을 조성하기 위해서 다음과 같은 전략을 시도해 볼 수 있다.[8]

• **경험을 공유하도록 만들라.** 신뢰와 친밀감은 사람들이 개인적인

수준에서 서로를 더 잘 알게 될 때 시간이 지남에 따라 발전한
다. 여기서 긍정적인 경험을 공유하는 것이 중요한 역할을 한다.
점심시간이나 일을 마친 후에 사교 활동을 하고, 세미나나 콘퍼
런스에 함께 참석하고, 혹은 성공을 축하해 주는 것 등이 모두
팀 내에서 더 강한 유대감을 형성하기 위한 좋은 기회이다.

- **열린 대화를 장려하라.** 예를 들어, 개방적이고 정직하게 행동하고
  (예: 자신의 실수를 인정하거나 자신이 뭔가를 모른다는 사실을 인정
  하는 것처럼), 다른 사람들이 성공과 어려움을 공유하도록 초대
  하고, 항상 제안서의 장점과 단점을 함께 객관적으로 평가함으
  로써 그렇게 할 수 있다.

- **비난 게임을 피하라.** "비난보다 더 빨리 신뢰를 죽이는 것은 아무
  것도 없다."라고 마이클 팀스$_{Michael\ Timms}$는 월간 비즈니스 잡지인
  『패스트 컴퍼니$_{Fast\ Company}$』 기사에서 밝혔다.[9] "그것은 누구의 잘못이
  죠?"라고 묻는 대신, 해결 중심의 접근을 취하여 "우리는 이것으로
  부터 무엇을 배울 수 있죠?" 혹은 "앞으로 그런 문제를 피하기 위해 우리의 작
  업 과정에서 무엇을 변화시켜야 하죠?"라고 물어라.

- **책무성을 보장하라.** 신뢰는 팀원들이 헌신과 약속을 지킬 때, 그
  리고 그들이 서로 의지할 수 있다는 것을 알 때 형성된다. 보다
  자세한 것은 **기술 34 책무성을 보장하라**를 참조하라.

- **파벌 형성을 억제하라.** 일부 팀원들이 서로 매우 밀접하게 상호작
  용할 때(개인적인 수준을 포함하여), 이것은 다른 사람들에게 소
  외감을 느끼게 만들 수 있다. '그룹 내' 상황과 '그룹 밖' 상황을
  공개적으로 해결하고 다양한 프로젝트에서 팀원을 다양하게 혼
  합하면 이러한 문제를 완화하는 데 도움이 될 수 있다.

팀원 모두가 서로에게 피드백을 제공함에 있어 개방적이고 솔직하도록 격려하는 것은 팀원들 사이에 신뢰와 친밀감을 형성하는 또 다른 방법이다(기술 18 피드백의 힘을 활용하라 참조).

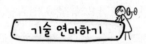

팀원들의 신뢰와 친밀감을 형성하기 위한 활동

팀이 현장 외부에 모여 하루 또는 2~3일간 팀 수련회를 갖는 것은 팀원들 간의 개인적인 관계를 강화하는 좋은 방법이다. 수련회를 갖는 동안 비업무 활동은 적어도 업무와 관련된 활동 못지않게 중요하다.

다음 팀 수련회에서는 모든 팀원(당신 자신을 포함하여)이 짧은 시간 내(예: 3~5분)에 다음 두 가지 질문에 대한 답변을 발표하기 위한 시간을 확보하라.

1. 작년 한 해 동안 내가 가장 큰 성공을 거둔 것은 무엇이라고 생각합니까?(그리고 그 성공의 이유는 무엇입니까?)
2. 작년 한 해 동안 내가 가장 크게 실수한 것은 무엇이라고 생각합니까?(그리고 그 실수로부터 내가 배운 것은 무엇입니까?)

이 연습은 실수를 '인정'하기 위한 안전한 공간을 열어 줌으로써 팀원들이 서로에 대해 더 많은 신뢰를 쌓는 데 도움이 될 것이며, 이는 또한 팀원들이 더 많은 열린 대화를 위한 분위기를 조성할 수 있다.

팀원들의 신뢰와 친밀감을 형성하는 것에 대한
나의 개인적인 메모

....

....

....

....

....

....

....

....

....

....

....

....

....

34 책무성을 보장하라

What······
책무성을 보장한다는 것은 무슨 의미인가?

　책무성$_{accountability}$은 **약속을 지키는** 것이다. 책무성을 보장한다는 것은 리더로서 다른 사람들을 향한 자신의 헌신과 약속을 지키는 동시에 다른 모든 팀원들도 그들의 헌신과 약속을 지키도록 격려하는 환경을 조성하는 것을 의미한다(역자 주: 책무성은 명확한 주인의식을 가지고 행동하고 결정, 행동, 실패에 대해 개인적인 책임을 지는 것임).

Why......
책무성을 보장하는 것이 왜 중요한 리더십 기술인가?

사람들이 헌신하지 않고 약속을 어길 때 발생하는 다음과 같은 **부정적인 영향** 때문에 책무성을 보장하는 것은 중요한 리더십 기술이다.

- 작업이 절절한 시기에 적절한 품질로 완료되지 않는다.
- 자신의 일을 완수하기 위해 다른 사람들로부터 필요한 투입$_{input}$ 을 받지 못하는 사람들의 실망과 좌절감이 크다.
- 팀 내 갈등 수준이 높고 신뢰 수준이 낮아진다.
- 사기와 팀 정신이 저하된다.
- 사람들이 리더를 책임감 있게 행동하는 환경을 조성할 수 없는 사람으로 느낀다.

목표를 달성하고 팀과 함께 일을 끝내는 것이 리더로서 당신의 직무이다. 이것은 모든 사람이 그들이 전달해야 하는 업무 결과물을 확실히 전달하도록 보장하지 않고, 즉 책무성을 보장하지 않고서는 가능하지 않다. 사람들이 서로 책임을 지는 팀에서는 **더 높은 수준의 신뢰, 생산성 및 직원 만족도**에 도달할 가능성이 훨씬 더 높다.[10]

How……
팀에 책무성을 보장하려면 어떻게 해야 되는가?

팀 내 높은 수준의 책무성을 보장하기 위해 고려해야 할 다음의
다섯 가지 주요 사항이 있다.

1. **리더 자신의 약속을 지켜라.** 모든 것은 리더로서 당신 자신의 행
   동에서 시작된다. 당신 자신의 약속을 지키지 않으면 다른 사
   람들이 바로 알아차릴 것이다. 그리고 그들은 당신을 따라 약
   속을 지키지 않을 것이다. 당신은 리더로서 기준을 설정하고,
   당신이 이행할 수 없는 것을 다른 사람에게 요구할 수 없다.
2. **사람들이 무슨 책무성을 갖고 있는지를 명확하게 규정하라.** 자신이
   무슨 책무성을 갖고 있는지를 정확하게 알지 못하면 책무성을
   느끼지 못하고 책임 있는 방식으로 행동할 수 없다. 따라서 팀
   원들에게 기대되는 바가 무엇인지 명확하게 규정되어 있고, 팀
   원들이 무슨 책임을 갖고 있는지를 정말로 이해하고 있는지를
   확인하라(팀원들로부터 자신의 책임을 어떻게 이해하는지에 대한
   피드백을 받고, 자신이 무슨 책임을 갖고 있는지를 설명하도록 하는
   것은 자신이 해야만 하는 것을 알려 주는 것보다 훨씬 더 강력한 효과
   를 가져올 수 있다).
3. **약속 위반의 결과에 대해 사전에 합의하라.** 리더인 당신과 팀원들
   이 프로젝트를 시작할 때 약속을 어기는 사람들에 대한 책임 기
   준과 결과(예: 제 시간에 일을 이행하지 않는 사람이 다른 사람들을
   위해 피자 한 판을 사는 것)에 대해 합의할 때, 당장의 갈등 상황

은 아직 없기 때문에 위험은 여전히 낮다. 그러나 당신이 프로
세스 후반에 책임 문제를 해결하는 것이 훨씬 더 쉬워질 것이다
(그리고 당신은 피자를 무료로 받을 수도 있다).

4. **책무성에 대한 대화를 진행하라.** 이미 한 약속에 대한 후속 조치를
   취하라. 만약 팀원에 의해 약속에 깨졌다면(특히 중요한 문제에
   대해), 그 깨진 약속을 팀원과의 개인적인 대화를 통해 해결하
   라. 약속이 이행되지 않은 이유와 향후 약속이 지켜질 수 있도
   록 하기 위해 무엇을 할 수 있는지에 대한 대화를 시작하라(또
   한 **기술 18 피드백의 힘을 활용하라** 참조).

5. **책임 있는 행동을 인정해 줘라.** 일탈 행동을 논의하는 것만으로는
   충분하지 않다. 약속을 잘 지키고 있는 사람들을 인정해 주고
   칭찬해 주는 것도 잊지 마라. 약속을 지켜 줘서 고맙다는 말을
   하는 것도(사적으로나 공적으로나) 매우 효과적일 수 있다.

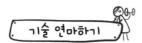

책무성에 대한 대화를 진행하기

다음번에 당신이 책무성에 대한 대화를 진행할 때 케리 패터슨_{Kerry}
Patterson과 그의 동료들의 저서 『중요한 책무성_{Crucial Accountability}』[11]에서 제
안한 다음 팁을 염두에 두어라.

- **CPR 모델**을 적용하라. 이 모델은 첫 번째 대화에서는 무엇이
  잘못되었는지 논의함으로써 내용_{content(C)}에 중점을 두고, 두 번

째 대화에서는 패턴$_{pattern(P)}$, 즉 시간이 지남에 따라 무슨 일이
발생했는가에 중점을 두며, 세 번째 대화가 필요한 경우 관계
$_{relationship(R)}$에 무엇을 의미하는지에 중점을 둔다.
• 대화를 시작할 때 안전한 환경을 조성하고, 당신이 관찰한 것을
공유한 다음, '진단적 질문'(예: "당신의 관점에서는 무슨 일이 일어났
나요?")을 하라. 그들의 반응을 경청하고, 문제에 응답하며, 문제
를 해결하는 방법과 시기에 대해 함께 계획을 세워라.

책무성을 보장하는 것에 대한 나의 개인적인 메모

....

....

....

....

....

....

....

35 회의를 생산적으로 만들라

What……
회의를 생산적으로 만든다는 것은 무슨 의미인가?

팀은 회의(미팅)에 많은 시간을 소비한다. 그리고 그것이 생산적으로 사용되지 않을 때는 틀림없이 너무 많은 시간을 소비한다. 회의를 생산적으로 만든다는 것은 회의의 **목적이 명확**하고, **적합한 사람들**이 초대되고(기여를 할 수 있는 사람들만), 참가자들이 회의에 **잘 준비되어** 있고, 회의의 목적을 달성하는 데 **분명한 초점**이 있으며, 모든 사람들이 회의를 마치고 자리에서 일어설 때(그리고 이 작업을 완료해야 할 때) **다음 작업**이 무엇인지 정확하게 알고 있다는 것을 의미한다.

Why······
회의를 생산적으로 만드는 것이 왜 중요한 리더십 기술인가?

  회의는 팀의 노력을 조정하기 위한 훌륭한 도구가 될 수 있다. 하지만 회의는 또한 정말 골치 아픈 것일 수도 있다. 특히 회의 준비가 제대로 되어 있지 않고 운영이 원활히 이루어지지 않을 경우에는 더욱 그렇다. 아마도 이런 회의는 당신이 팀을 위해 원하는 유형의 회의가 아닐 것이기 때문에 보다 효과적인 방식으로 회의를 계획하고 운영하는 데 약간의 노력을 기울이는 것이 좋다.

How······
회의를 생산적으로 만들 수 있으려면 어떻게 해야 되는가?

  효과적인 회의를 개최하기 위한 다음의 몇 가지 간단한 규칙이 있다.[12]

- 회의 **목적을 분명히** 하라(예: 정보 제공, 문제에 대한 가능한 해결책을 위한 브레인스토밍, 작업 임무 분배).
- 회의 목적을 달성하는 데 **실질적으로 기여할 수 있는 참가자들만 초대하라.**
- 회의 **운영을 담당하고 있는 사람이 있는지** 확인하라(이는 리더인 당신일 수도 있고 다른 사람일 수도 있다. 그들은 '진행자' 또는 '회의 의장'의 역할을 맡을 수 있다).

- 초대받은 모든 사람이 준비를 잘하고 회의에 임할 수 있도록 회의하기 전에 **안건**_{agenda}을 배포하라(정보 제공, 아이디어 생성, 또는 의사 결정 등 각 안건의 목적에 대한 정보를 포함하여).
- **다른 사람들의 시간을 존중**하라. 즉, 합의된 회의 종료 시간을 초과하지 마라.
- **기여할 모든 사람을 초대**하라(애초에 회의에 기여할 것이 있는 사람들만 초대하기 바란다).
- **명확한 결정**을 내리라(특히 누가 무엇을 하는지에 대한).
- 짧은 회의록에 **결정 사항을 기록**하고 '**다음 단계**' **목록**을 포함하라(작업 항목에 대한 명확한 책임 및 마감일을 포함하여).
- 회의를 마친 후 반드시 모든 참석자에게 **회의록을 회람**토록 하라.
- **후속 조치**를 잊지 마라. 즉, '다음 단계' 목록을 검토하고 작업 기한이 되면 사람들에게 연락하라.

다른 사람들을 회의에 초대하기 전에, 항상 당신 자신에게 **회의가 정말 필요한가**를 물어보라. 보다 생산적인 회의가 되기 위한 최상의 방법은 실제로 필요하지 않거나 특정 목적을 달성하는 데 더 효율적이고 효과적인 방법이 있는 경우 회의를 전혀 시작하지 않는 것이다.

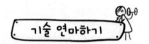

다음 회의를 분석하기

다음번에 팀 회의에 참여할 때 팀 회의의 효과성과 생산성을 분석하기 위한 기회로 활용해 보라. 당신 자신에게 다음과 같은 질문을 던져 보라.

- 회의에 명확한 안건이 있었는가? 당신과 당신의 동료들이 회의를 잘 준비할 수 있도록 안건이 참석자들에 사전에 배포되었는가?
- 회의 목적이 명확하게 전달되었는가?
- 회의 진행자는 토론이 각 안건에 집중되도록 하였는가?
- 적합한 사람들이 초대되었는가? 그들 모두가 기여할 수 있었는가?
- 회의는 명확한 실행 계획을 마련하고 끝이 났는가? 모든 사람이 자신이 해야 할 일과 언제까지 완수해야 되는가를 숙지하였는가?
- 그밖에 회의를 생산적으로 만드는 데 기여한 점은 무엇인가?
- 다음 회의를 보다 생산적으로 만들기 위해 달리 조직할 수 있는 점은 무엇인가?

당신은 자기성찰 외에도 팀원들과 함께 회의의 생산성을 논의하기 위해(예: 다음 팀 회의가 끝날 때) 위와 같은 질문을 사용할 수 있다.

회의를 (보다) 생산적으로 만드는 것에 대한
나의 개인적인 메모

....

....

....

....

....

....

....

....

....

....

....

....

....

....

36 가상 팀을 이끌라

What······
가상 팀을 이끈다는 것은 무슨 의미인가?

　가상 팀virtual team(원격 팀remote team이라고도 불린다)은 지리적으로 분산되어 디지털 도구의 도움을 받아 협업하는 사람들의 그룹이다(역자 주: 가상 팀 또는 원격 팀은 전자 통신을 통해 도시, 국가, 심지어 대륙에 걸쳐 서로 다른 위치에서 함께 작업하는 사람들의 그룹으로, 특정 상황에 따라 다양한 종류의 가상 팀을 사용할 수 있으며 모두 비용 효율적이고 효율적인 협업 모드가 될 수 있다. 가상 팀의 개념은 한동안 존재해 왔지만 디지털 작업 애플리케이션, 도구가 등장하면서 점점 더 중요한 역할을 맡게 되었다. 오늘날 글로벌 인력의 상당 부분은 가상 팀으로 구성되어 있으며, 이는 정보 부문에서 일하는 조직의 경우 특히 그렇다). 가상 팀을 이끈다는 것은 멀리서 이끈다는 것을 의미하며, 공통의 목적을 달성하는 데 팀을 집중시키고 또한 가상 작업 공간에서 긍정적인 협업을 장려하는 것을 포함한다.

Why……
가상 팀을 이끄는 것이 왜 중요한 리더십 기술인가?

코로나-19 팬데믹$_{Covid-19\ pandemic}$으로 인해 원격 근무가 전례 없이 증가했다. 사람들은 재택근무를 하고 디지털 플랫폼과 도구를 통해 동료들과 의사소통하는 것이 익숙해졌다. 따라서 가상 팀을 이끄는 것은 거의 모든 유형의 조직에서 리더의 핵심 역량이 되었다.

원격 팀워크는 개인적인 상호작용(신뢰할 수 있는 업무 관계를 구축하는 데 정말 중요한)의 부족, 서로 다른 시간대에 걸친 작업, 기술적 장벽(예: 대역폭$_{bandwidth}$, 즉 일정한 시간 내에 데이터 연결을 통과할 수 있는 정보량의 문제), 대면 만남이 부족함에도 불구하고 팀 정신을 형성하고 유지하는 데의 어려움을 겪는 등 리더에게 새로운 과제를 안겨주고 있다. 비언어적 의사소통 신호는 전자 의사소통 채널을 통해 전달하고 해독하기가 훨씬 더 어렵기 때문에 잘못된 의사소통 가능성이 더 높다.

팀이 분산되면 가상 팀이 목적을 달성할 수 있도록 목표 지향적인 팀워크를 조율하는 리더의 역할이 더욱 더 중요해진다.

How……
가상 팀을 이끌려면 어떻게 해야 되는가?

가상 팀을 이끌기 위한 다음의 몇 가지 팁이 있다.[13]

- **명확한 팀 규범을 수립하고 반복해서 강조하라.** 여기에는 예를 들어, 참석 규칙(예: 미팅 중에 멀티태스킹 금지 또는 화상 미팅 시 카메라 전원을 켜고 끄는 규칙), 의사소통 규칙(예: 서로 방해하지 않기), 작업 완료 기준(예: 작업을 늦게 실행하는 사람이 있을 때 누가 어떤 방식으로 알려야 하는지), 혹은 보고 규칙(예: 어떤 시간에 누가 누구에게 무엇을 보고해야 하는지) 등이 포함된다.
- **비공식적인 의사소통을 위한 전용 공간을 만들라.** 예를 들어, 팀원들이 비공식적인 메시지를 공유하고 비공식적인 대화(그리고 함께 커피 마시기)만을 목적으로 '커피 콜'을 예약하거나 또는 팀원들에게 약간의 잡담을 통해 좀 더 개인적인 차원에서 연결될 수 있는 기회를 주기 위해 팀 콜의 시작이나 끝에 몇 분 동안 시간을 예약할 수 있도록 메시징 앱messaging app에서 그룹을 조직할 수 있다.
- **의사소통에 있어서 명료성을 보장하라.** 여기서 당신 자신의 기대를 분명히 하는 것이 주의 깊은 적극적 경청만큼이나 중요하다(기술 14 적극적 경청을 연습하라 참조). 또한 다른 사람들이 생각하거나 의미하는 것에 대해 섣불리 추측하기 전에 명확한 설명을 요청하는 것이 좋다.
- **팀원들과 개인적인 관계를 맺어라.** 정기적으로 커피 코너에서 간단

한 대화를 나눌 수 있는 현장 팀에서보다 일대일 미팅에서 팀원들의 개인적인 성과를 인정해 줄 뿐만 아니라 또한 그들에게 개인적인 고민거리를 표현할 기회를 주는 것이 훨씬 더 중요하다.

• **미팅을 짧고 깔끔하게 유지하라.** 가능하다면 팀 미팅을 40~45분 이내로(또는 더 짧게) 유지하라. 한 가지 논제에 대해 오랜 시간 동안 미팅을 해야 할 경우에는 화면 피로를 방지하기 위해 분류 그룹breakout group(역자 주: 분류 그룹 활동의 예로는 사례연구 논의 또는 연습문제 수행을 위한 그룹으로서의 미팅, 특정 주제에 관한 대화를 위해 플랫폼에서 토론활동 사용 등이 있음), 설문 조사, 또는 다른 형태의 참여를 사용하라.

• **협업을 장려하라.** 모든 사람들이 집에 있는 컴퓨터 화면 뒤에서 외로워지도록 두지 말고, 대신 팀원들이 특정 문제에 대해 짝을 지어(짝을 바꾸어 가며) 협력하도록 장려하여 서로 관계를 맺고 배울 수 있는 기회를 제공하도록 하라.

• **오프라인 모임을 조직하라.** 당신이 아무리 가상 팀을 잘 이끌어 가더라도 때때로 대면 미팅(또는 더 좋게는 업무 상황을 벗어난 팀 유대관계 행사)을 몇 차례 개최하는 것이 대인관계 신뢰를 쌓고 팀 결속력을 높이는 데 많은 기여를 할 수 있다.

마지막으로 가상 팀에서 함께 **성공을 축하**하는 것을 잊지 마라(예: 팀원들에게 다음 원격 미팅에 자신이 좋아하는 음료를 들고 오도록 요청하고 팀원 또는 팀 전체의 성공을 기원하라). 사람들이 팀이 함께 무언가를 성취하고 있다는 느낌을 갖도록 하라.

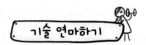

가상 팀에 대한 다섯 가지 기본 규칙

당신은 이미 팀을 위한 공식적인 팀 규범을 가지고 있는가? 만약 그렇지 않다면, 생산적이고 효과적으로 함께 일할 수 있도록 팀으로서 당신 스스로 설정할 수 있는 다섯 가지 기본 규칙에 대해 논의하는 팀 미팅을 조직해 보라. 모든 사람이 토론에서 목소리를 내고 결과에 동의하는지 확인하라.

가상 팀을 이끄는 것에 대한 나의 개인적인 메모

....

....

....

....

....

....

....

37 민첩한 팀을 만들라

What……
민첩한 팀을 만든다는 것은 무슨 의미인가?

급속하게 변화하는 환경에서는 새로운 도전에 빠르게 대응하고 적응할 수 있어야 한다. 민첩한 팀$_{agile\ team}$은 이처럼 빠르게 변화하는 환경에서 작업하는 데 완벽하게 적합한 자기 조직화된 팀이다(역자 주: 사전적 의미로 '날렵한' '민첩한'을 뜻을 가진 agile은 최근 경영 트렌드 용어로 사용되고 있으며, 자기 조직화란 시스템의 구조가 외부로부터의 압력이나 관련이 없이 스스로 혁신적인 방법으로 조직을 꾸려 나가는 것을 말함). 엄격한 계획을 따르는 대신, 민첩한 팀은 더 작은 단위로 작업하고 '클라이언트(팀 결과물의 사용자)'뿐만 아니라 팀 내에서도 긴밀하게 협력하며 작업한다. 민첩한 팀은 일반적으로 **반복적으로** 작업한다. 즉, 작업은 먼저 '대략적인' 형태로(또는 '프로토타입'으로) 완성된 다음 반복적인 주기로 개선된다.

민첩한 작업 방식은 소프트웨어 개발 분야에서 유래한다. 역동적인 환경에서의 효과성 때문에 다른 영역에서도 팀워크를 조직하는 광범위한 방법이 되었다.

Why⋯⋯
민첩한 팀을 만드는 것이 왜 중요한 리더십 기술인가?

민첩한 작업 방식을 통해 얻을 수 있는 다음과 같은 많은 이점이 있다.

- **속도**: 민첩한 팀은 새로운 과제와 도전을 신속하게 해결할 수 있다.
- **동기부여**: 진전이 빠르고 가시적이다.
- **유연성**: 우선순위는 변화하는 상황에 적응하기 위해서 유연한 방식으로 조정될 수 있다.
- **참여**: 클라이언트(그리고 잠재적으로 다른 이해관계자)는 프로세스 초기에 참여하며, 이는 신뢰를 형성하는 데 도움이 된다.
- **투명성**: 빈번한 피드백 주기로 인해 팀원과 클라이언트 모두 팀이 어디에 있는지를 항상 알고 있다.

(역자 주: 리더는 민첩한 팀을 만들어 위와 같은 이점을 살려 나가도록

이끌고 관리해야 한다. 그러기 위해서 리더는 무엇보다도 팀에 권한을 부여하고 신뢰해야 하고, 새로운 변화와 도전을 수용하고 적응해야 하고, 협업과 소통을 촉진해야 하며, 지속적인 학습과 개선을 장려하고 활성화해야 한다.)

How⋯⋯
민첩한 팀을 만들려면 어떻게 해야 되는가?

다음의 일반적 지침은 민첩한 팀을 개발하는 데 도움이 될 수 있다.[14]

- 팀의 **자기 조직화**를 장려하고 '지역 리더'가 문제가 발생하는 즉시 이를 해결할 수 있도록 하라.
- 팀이 문제 해결을 위해 짧은 '스프린트'(팀원들이 하나의 우선순위 작업을 수행하는 데 집중하는 짧은 작업 기간, 예: 2주)를 사용하고, 그런 다음 서로 및 중요한 이해관계자들과 연락하여 피드백을 얻고, 이를 통해 배우고, 개선하는 **'실험과 학습'의 정신**으로 작업하라.
- 잦은 피드백 회의(예: 매 스프린트가 끝날 때마다 짧은 일일 스탠드업 또는 스프린트 검토 회의)를 통해 **단기적 책임성**을 보장하라. 이는 진행 상황을 평가하고, 작업을 분배하며, 팀이 목표 달성을 향한 방향을 유지하는 데 사용될 수 있다.

팀은 또한 목표를 달성하기 위해 **민첩한 방법**을 사용할 수 있다. 가장 널리 사용되는 민첩한 방법 중 하나는 '**스크럼**_{scrum}'이라고 불리는 것이다. 이것은 민첩한 팀으로서 협업하기 위한 프레임워크이며 다음을 포함한다.[15]

- 스크럼 마스터_{scrum master}(스크럼 체계를 이해하고 팀 프로세스 개선에 초점을 두는 사람), 제품 소유자_{product owner}(특정 목표를 달성할 책임이 있는 사람), 그리고 개발자_{developers}(스크럼 팀에서의 다른 모든 사람)를 비롯한 특정 **스크럼 팀 역할**_{scrum team roles}의 정의
- 제품 백로그_{product backlog}(전체 프로젝트에서 완료해야 하는 모든 작업), 스프린트 백로그_{sprint backlog}(특정 스프린트에서 무엇을 달성할지에 대한 계획), 그리고 증분_{increments}(스프린트 내에서 완료해야 하는 구체적으로 정의된 작업 단계)을 비롯한 팀 작업과 진행에 대해 정보를 제공하는 몇 가지 **스크럼 아티팩트**_{scrum artifacts}
- 스프린트 계획 회의_{sprint planning meeting}, 진행 사항을 공동으로 검토하기 위한 매일 15분간 스크럼 회의_{scrum meetings}, 각 스프린트가 완료될 때에 결과를 점검하기 위한 스프린트 검토_{sprint review}, 스프린트에서 어떤 부분이 잘 되었고 다음번에 어떤 부분을 개선해야 하는지 팀 논의를 위한 스프린트 회고_{sprint retrospective}(**기술 49 성찰 세션을 구성하라**에서 반성적 세션과 유사한)를 비롯한 스크럼 프로젝트에서 일어나는 정기적인 **스크럼 이벤트**_{scrum events}

정기적인 스크럼 이벤트들은 의사결정 속도를 높이고 다른 회의를 불필요하게 만드는 방식으로 의사소통을 개선하는 데 도움이 될

수 있다.

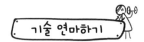

팀을 위한 민첩한 스프린트 계획하기

당신이 민첩한 팀을 위한 스프린트 계획 회의를 구성할 수 있는 방법은 다음과 같다.[16]

1. 팀의 **스프린트 목표**에 합의하라(당신이 스프린트로 달성하고 싶은 것이 무엇이며, 누구를 위해 그리고 어떻게 해서 이 스프린트가 가치를 더할 것인가?)

2. 팀원들이 **제품 백로그**(프로젝트에서 완료해야 할 작업의 전체 목록)에서 현재 스프린트에 포함할 **항목**을 선택하도록 하라. 제한된 시간 내에서 달성 가능한 것이 무엇인지 추정해 보라.

3. 팀원들이 자신의 **작업 패키지**(스크럼 용어로 '증분'이라고 함)와 이를 전달하기 위한 방법(작업 패키지가 '완료'되었다고 간주할 수 있는 시기, 즉 성공적으로 완료되는 시기를 정의하는 방식으로)을 **정의**하도록 하라.

4. 스프린트를 성공적으로 완료하기 위해 수행해야 할 모든 작업의 시각적 로드맵인 **스프린트 백로그**에 '왜'(스프린트 목표), '무엇을'(제품 백로그 항목), '어떻게'(증분)를 포함하라.

민첩한 팀을 만드는 것에 대한 나의 개인적인 메모

38 갈등을 관리하라

What……
갈등을 관리한다는 것은 무슨 의미인가?

갈등은 사람들 혹은 집단들이 상반된 요구나 서로 다른 의견을 가지는 상황이다. 당신이 갈등을 논쟁, 투쟁, 충돌, 다툼 등 뭐라고 부르든 간에 항상 관련 당사자들에게 불만족스러운 상황이다.

리더가 갈등을 관리한다는 것은 **갈등 상황을 조기에 확인**한 후, **부정적인 결과를 최소화**하고 관련 모든 당사자에게 **긍정적인 결과를 창출할 수 있는 기회를 극대화**하는 방식으로 갈등을 해결하기 위한 적절한 전략을 적용할 수 있다는 것을 의미한다.

Why……
갈등을 관리하는 것이 왜 중요한 리더십 기술인가?

갈등이 잘 관리되지 않으면 갈등은 개인, 팀, 조직에 광범위한 **해로운 영향**detrimental effects을 미칠 수 있다. 갈등은 많은 시간과 에너지를 소모하고(갈등이 없을 경우 생산적인 일에 사용될 수 있는), 심리적인 문제를 야기할 수 있는 부정적 감정의 소용돌이를 일으킬 수 있다. 이것은 사기 저하, 스트레스 수준 증가, 생산성 저하, 결근, 또는 심지어 구성원들의 팀 이탈의 결과를 초래할 수 있다.

반면, 갈등이 효과적으로 처리되면 **긍정적 영향**positive effects을 가져올 가능성이 크다. 그것은 사람들에게 다른 관점을 고려하도록 가르칠 수 있고, 새롭고 혁신적인 아이디어와 해결책을 개발하도록 도울 수 있고, 의사소통 기술을 연습하고 보다 더 회복탄력성이 강한 기회를 제공할 수 있으며, 심지어 갈등을 함께 해결할 수 있다면 관련된 당사자들 간에 더 나은 이해와 신뢰를 이끌어 낼 수 있다.

How……
갈등을 효과적으로 관리하려면 어떻게 해야 되는가?

리더로서 당신이 갈등 상황을 관리하기 위해 취할 수 있는 다음의 네 가지 단계가 있다. [17]

1. **갈등이 발생하기 전에 예방하도록 노력하라.** 의사결정을 하고, 업무

와 자원을 분배하거나, 팀과 소통할 때 갈등의 잠재적인 촉발 요인(예: 불공정한 방식으로 취급되고 있다는 인식, 잘못된 조율, 부족한 자원에 대한 경쟁)이 있는지를 생각하라. 이 경우, 잠재적인 부정적 영향을 사전에 완화하기 위한 전략을 준비하도록 노력하라. 예를 들어, 당신의 의사결정을 공개적으로 발표하기 전에 그 결정에 의해 영향을 받는 팀원들이 결정 과정과 일대일 미팅에서 미치는 영향을 이해하도록 도와주라. 갈등을 예방하는 또 다른 방법은 잠재적으로 갈등을 초래할 수 있는 행동을 피하는 데 도움이 될 명확한 행동 지침과 강령을 마련하는 것이다. 갈등을 예방하기 위한 세 번째 전략은 서로 갈등을 빚을 가능성이 있는 사람들 간의 상호작용을 줄이는 것이다(예: 작업장을 물리적으로 분리함).

2. **갈등 상황에서 침착하고 중립적인 자세를 취하라.** 우선, 모든 갈등에 당신 자신을 개입시킬 필요는 없다. 사소한 문제라면 팀 분위기나 성과 전반에 부정적인 영향을 미치지 않는 한 관련된 사람들이 스스로 해결하도록 하는 것이 좋다. 당신이 개입할 필요가 있다고 느낀다면 어느 편을 들지 않으면서도 무엇보다 팀과 조직 전체의 이익을 고려하는 해결책을 찾도록 관련된 모든 당사자들과 명확하게 의사소통하도록 노력하라.

3. **당사자들의 목표를 이해하고 해결책을 찾기 위해 협력하라.** 각 당사자의 기본적인 이해관계를 파악하라(논쟁된 문제에 대한 그들의 현재 입장뿐 아니라 공정한 대우를 받거나 자신의 일에 안정적으로 참여하는 등의 기본 동기도 파악하라). 각 당사자에게 중요한 것이 무엇인지에 대한 공통된 이해에 도달했으면 비난 게임을 하지

말고 대신 해결중심의 접근을 시도하라.

4. **'해결할 수 없는' 갈등을 통제하에 두어라.** 양측이 수용할 수 있는 해결책에 도달할 수 없다면 적어도 갈등이 팀 전체에 심각한 부정적 영향을 미치는 것을 방지하기 위해 다음과 같은 전략 중 하나, 즉 ① 상대방을 분리하거나(작업에서 중복을 최소화하거나), ② 상대방과의 상호작용 규칙을 명료화하거나, ③ 갈등을 촉발하는 상황을 변화시키거나(예: 팀 내 갈등을 초래했던 보너스의 지급을 자제), ④ 갈등에 연루된 사람들이 상황에 보다 잘 대처하도록 돕기 위한 전문 중재 및/혹은 개인 상담을 지원하도록 하라.

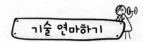

팀과 함께 갈등 관리 프로세스 개발하기

당신의 팀과 함께 갈등 관리 프로세스를 개발하라. 갈등이 발생하면 당신이 어떤 조치를 취할 것인지 팀과 함께 합의하라. 이런 연습에 참여하는 팀원들은 일반적으로 갈등이 실제로 발생했을 때 합의된 절차를 따르겠다는 의지를 보일 가능성이 더 높다.

갈등을 관리하는 것에 대한 나의 개인적인 메모

....

....

....

....

....

....

....

....

....

....

....

....

....

39 팀 정신을 만들고 유지하라

What……
팀 정신을 만들고 유지한다는 것은 무슨 의미인가?

팀 정신은 팀원들이 팀을 향해 보여 주는 **정서적 헌신**emotional commitment이다. 이는 팀원들이 팀의 일원이라는 사실을 자랑스럽게 생각하며 다른 팀원들과 팀 전체가 성공할 수 있도록 최선을 다해 참여하고 동기를 부여한다는 것을 의미한다.

팀 정신은 **개인 수준**(팀 내 다른 사람을 신뢰하고 도우려는 의지로 나타남)과 **집단 수준**(집단 정체성과 대의에 대한 공유된 헌신이 형성되어 나타남) 모두에서 생성된다.[18]

Why⋯⋯
팀 정신을 만드는 것이 왜 중요한 리더십 기술인가?

연구 결과에 따르면 팀원들 간의 신뢰 정도, 팀 응집력, 팀의 성과와 성공 간에는 밀접한 연관성이 있는 것으로 나타났다. 이러한 관계는 다양한 팀 상황에서, 예를 들어 스포츠 팀이나 글로벌 가상 팀에서 발견되었다.[19]

팀 정신이 없으면 팀은 '내집단$_{in\text{-}group}$'(팀원들 사이 및 리더와의 관계가 더 좋은 집단)과 '외집단$_{out\text{-}group}$'(리더 및 다른 팀원들과의 관계가 좋지 않은 집단)으로 나뉘는 경향이 있다. 이것은 스트레스 수준이 높아지거나, '외집단' 구성원들이 팀에 불충실하게 되거나, 심지어 파괴적인 행동에 참여하는 등 해로운 영향을 초래할 수 있다.[20]

긍정적인 팀 정신을 만들고 유지하며 '내집단' 대 '외집단' 함정에 빠지지 않도록 하는 것이 팀 리더의 주요 책임 중 하나이다.

How⋯⋯
팀 정신을 만들고 유지하려면 어떻게 해야 되는가?

리더가 팀 정신을 육성하기 위해 할 수 있는 몇 가지 팁은 다음과 같다.[21]

- **적절한 사람을 팀에 데려오라.** 확실히 소시오패스들$_{sociopaths}$(역자 주: 반사회적 인격 장애를 앓고 있는 사람을 가리키는 구식의 비공식 용어

로, 이 장애로 인해 다른 사람의 감정에 관심을 두지 않거나 이해하지 못하는 소위 공감 능력이 부족해질 수 있음)보다 팀 플레이어들에게 팀 정신을 함양하는 것이 훨씬 더 쉽다. 그러므로 채용 과정에서 신규 입사자가 팀에 적절한 태도와 에너지를 가져오는지 확인하는 것이 좋다(기술 31 적합한 인물을 팀에 배치하라 참조).

• **'목적 정하기'에 충분한 시간을 투자하라.** 팀원들과 함께 팀의 공통 목적과 목표를 명료화하라.

• 모든 팀원이 팀 역할과 기능을 명확하게 정의하고 수용하여 자신(그리고 다른 팀원들)이 팀의 성공에 가장 잘 기여할 수 있는 방법을 알 수 있도록 하라.

• **팀 내에서 효율적인 협업 방법을 개발하라**(효율적인 미팅 절차를 포함하여—기술 35 회의를 생산적으로 만들라 참조).

• **팀원들 간의 관계를 주시하라.** 새로운 갈등을 조기에 발견하고, 갈등이 고조되지 않도록 관리하며, 갈등이 팀 분위기에 부정적인 영향을 미치지 않도록 하라(기술 38 갈등을 관리하라 참조)

• **모든 사람에게 가치 있고 포함된다는 느낌을 갖도록 하라.** 중요한 문제를 논의할 때 모든 사람이 목소리를 내도록 하라. '외집단'이라는 느낌을 가진 사람들이 있는지 정기적으로 성찰하고, 그들이 리더인 당신에 의해서 적절하게 인정받고 팀 활동에 포함되는지 확인하라.

• **팀 구축 활동에 몰두하라.** 예를 들어, 현장 외부 미팅이나 즉각적인 업무 맥락이 아닌 공동 활동 등 팀원들 간의 관계를 촉진하고 동지애를 구축하는 데 의도적으로 집중하는 시간을 확보하라.

• **성공과 배움을 축하하라.** 함께 무언가를 달성하는 것은 팀 정신을

강화하는 데 큰 도움이 될 수 있다. 특히 당신이 자신의 성공을 함께 축하할 때 더욱 그렇다. 하지만 더 어려운 상황에서도 팀 정신을 유지하는 데 집중할 수 있다. 예를 들어, 팀이 실패에서 얻은 교훈을 논의하는—그리고 '축하하는'—과정을 통해 가능하다. 결국, 내일의 성공은 항상 우리가 오늘 배우고 있는 것에 달려 있다.

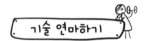

팀이 실패로부터 배운 점을 축하하기

당신의 팀이 계획대로 되지 않는 일이 있다면 팀원들 모두가 모여 다음 두 가지 질문에 대해 논의해 보라.

• 실패로부터 우리가 배운 중요한 점이 무엇인가?
• 다음번에는 우리가 성공 가능성을 높이기 위해 무엇을 다르게 할 것인가?

논의를 위해 다음 지침을 따르도록 하라.

1. 우리의 목표는 하나이다. 즉, 팀 성과를 높이기 위한 방법을 배우는 것이다.
2. 우리는 어느 누구도 그 어떤 것도 비난하지 않는다(상황조차도 탓하지 않는다).

3. 우리는 무엇이 잘못되었는가에 초점을 두는 것이 아니라 무엇을 개선할 수 있는가에 초점을 둔다.

배운 점에 동의하면 팀과 함께 이를 축하하라(예: 퇴근 후 함께 술을 마시는 등). 팀의 배움이—그리고 팀 내에서 좋을 때와 나쁠 때를 함께 헤쳐 나가는 긍정적인 정신이—미래 성공의 씨앗이라는 것을 잊지 마라.

팀 정신을 만들고 유지하는 것에 대한 나의 개인적인 메모

....

....

....

....

....

....

....

40 확장 팀을 육성하라

What⋯⋯
확장 팀을 육성한다는 것은 무슨 의미인가?

확장 팀extended team(역자 주: 사내 팀을 위한 추가 인력으로 프로젝트에 필요한 특정 기술을 갖춘 한 명 이상의 IT 전문가로 내부 팀을 확장하는 것을 전제로 하며, 사내 팀과 아웃소싱 팀 간의 긴밀한 근접성, 의사소통 및 협력을 포함하는 아웃소싱의 한 형태)을 만든다는 것은 **지원 네트워크**supportive network를 구축하고 유지하는 것을 의미한다. 이들은 팀원들 외에도 필요한 정보, 자원 및 기타 유형의 지원을 제공하여 목표를 달성하는 데 도움을 주는 사람들이다. 이러한 네트워크를 이용할 수 있기 위해서는 먼저 사교활동이나 상호교류 등 좋은 관계를 만들기 위한 **네트워킹 활동**을 통해서 네트워크를 구축하고 육성해야만 한다.

Why……
네트워킹이 왜 중요한 리더십 기술인가?

당신이 리더십 역할을 하려면 무언가를 달성하기 위해 종종 다른 사람들의 도움을 필요를 하는 경우가 있을 것이다. 물론 이것은 리더의 직속 팀원들도 포함된다. 그러나 많은 문제에 있어서 외부 지원이 필요할 때도 있을 것이다. 잘 작동하는 네트워크는 당신에게 가치 있는 정보와 연락처, 개방적 질문에 대한 대답, 문제를 해결하는 방법에 대한 조언, 그리고 자원에 대한 접근(때로는 새로운 직업 기회도)을 제공할 수 있다.

사람들이 일반적으로 강력한 네트워크를 가진 사람을 더 강력한 사람으로 여기기 때문에 네트워크를 육성하는 것은 또한 리더로서의 인지도를 높이는 데에도 도움이 될 것이다. 권력$_{power}$은 종종 다른 사람들에게 영향을 미치는 능력으로 정의되기 때문에 네트워크에서 다른 영향력 있는 사람들의 지원을 받을 수 있다면 이는 훨씬 더 쉬워질 것이다.

How……
효과적인 네트워커가 되려면 어떻게 해야 되는가?

지원적인 네트워크를 구축하고 확장하기 위해 취할 수 있는 조치는 다음과 같다.[22]

1. 달성하고 싶은 것이 무엇인지 명확히 하라. 일단 당신의 목표가 무엇

인지 알았으면(기술 23 **목표를 분명히 하라** 참조), 이러한 목표를 달
성할 수 있기 위해 어떤 종류의 지원이 필요한가를 생각해 보라.

2. **당신의 '대상 네트워크**_{target network}**'를 정의하라.** 당신이 의지하거나
당신의 목표를 달성하기 위해 조직 내부와 외부에서 필요한 지
원을 제공해 줄 수 있는 사람들은 누구인가? 특히 당신의 영역
에서 영향력 있고 '강력한' 사람들을 찾아보라.

3. **당신의 대상 네트워크의 사람들과 관계를 맺어라.** 당신의 대상 목록
에 있는 사람들과 적극적으로 접촉하고 연락하도록 노력하라.
예를 들어, 당신은 그들에게 중요한 것에 대해 돕거나 지원할
수 있고, 그들이 성취한 것을 축하할 수 있으며, 또한 중요한 문
제에 대해 그들에게 조언을 요청할 수 있다. 기존의 접촉을 새
로운 관계를 맺기 위한 가교_{bridge}로 사용하는 것은 이러한 새로
운 관계를 구축하기 위한 기회를 증진시켜 줄 것이다.

4. **네트워킹 행사에 참여하라.** 당신의 영역에 있는 사람들이 만나는
콘퍼런스, 박람회, 연수교육 프로그램 및 기타 유형의 행사는
당신의 네트워크를 확장할 수 있는 좋은 기회이다. 그러한 행
사에 참석하는 대부분의 사람들은 아직 당신을 알지 못하더라
도 기꺼이 당신과 대화를 시작하려고 할 것이다.

5. **전문적인 소셜 미디어 네트워크를 이용하라.** 링크드인_{LinkedIn}과 같은
온라인 네트워크를 이용하여 당신의 대상 네트워크에 있는 사
람들과 접촉하고 상호작용하며, 매력적인 새로운 네트워크 파
트너로 자신을 소개할 수 있다.

6. **당신의 네트워크를 육성하라.** 당신의 네트워크 파트너들에게 관
련 있는 정보를 공유하거나, 그들을 서로 연결하도록 돕거나,

긍정적이고 격려적인 메시지(예: 생일이나 영전을 축하하는)를 보
내는 등 귀중한 의견을 제공하라.

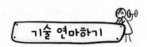

지원 네트워크 그리기

- **1단계**: 종이 한 장을 가져와 중앙에 당신의 이름이 적힌 원을 그
  려라. 그리고 나서 당신의 기존 네트워크에 있는 주요 인물들에
  대해 생각해 보라. 각각의 인물에 대해 그들의 이름이 적힌 원
  을 그려라. 당신의 원과 네트워크 파트너의 원 사이의 거리는
  당신의 개인적 및 직업적 목표를 달성하기 위한 그 사람의 중요
  성을 나타내야 한다.
- **2단계**: 종이의 원 안에 네트워크 파트너를 배치한 후 각 네트워
  크 파트너 원에서 자신의 원으로 선을 그려라. 강한 관계를 나
  타내기 위해서는 굵은 선을 사용하고, 약한 관계라면 가는 선을
  사용하라.
- **3단계**: 완성된 그림을 살펴보고 당신이 관계를 강화해야 될 사
  람이 누구인지 생각해 보라. 당신이 이 사람들과의 관계에 투자
  하기 위해 무엇을 할 수 있고 무엇을 할 것인지 적어 보라.

확장 팀을 육성하는 것에 대한 나의 개인적인 메모

....

....

....

....

....

....

....

....

....

....

....

....

다른 사람들의 성장을 도와주라

당신은 이 장을 통해 다음을 수행할 수 있다.

- 팀원들이 배우고 성장할 수 있는 기회를 만든다.
- 코칭 기술을 개발하고 다른 사람들이 자신의 잠재력을 충분히 발휘할 수 있도록 돕는다.
- 팀원들이 올바른 태도와 기술을 개발하여 자신의 직무를 잘 수행할 수 있도록(그리고 성과 문제가 발생할 경우 이를 해결할 수 있도록) 도와준다.
- 변화 프로세스를 효과적으로 관리한다.
- 자신과 팀 모두를 발전시키는 데 있어 롤 모델이 된다.

리더로서 성공할 수 있는지를 판단하기 위한 두 가지 척도가, 첫째는 팀으로서 리더의 목적을 달성할 수 있는 정도(3장 참조)이고, 둘째는 리더가 팀원 혹은 '팔로워followers'에게 미치는 영향이다. **팀원들이 성장하도록 돕는** 경우에만 리더십 역할에서 정말로 성공했다고 주장할 수 있다. 다시 말해, 팀원들이 당신과 함께 일함으로써 **개인**

적으로나 직업적으로 자신을 발전시킬 수 있는 기회를 얻게 된다고 느낀
다면 말이다.

이 장을 통해 당신은 인력 개발 기술을 업그레이드할 수 있다. 팀
원들의 강점을 인식하기 위한 방법을 배워, 그런 강점을 바탕으로
그들에게 올바른 도전, 코칭 지원 및 발전 기회를 제공하기 위한 방
법, 그리고 그들이 계속해서 높은 수준의 참여를 보여 주도록 격려
하기 위한 방법을 알게 될 것이다. 또한 성과 문제를 처리하는 방법
과 잘 관리된 변화 프로세스를 통해 전체 팀으로서 성장할 수 있는
방법에 대해서도 살펴볼 것이다.

그러나 리더로서 끊임없이 자신의 개인적 성장을 위해 노력할 의
지가 없이는 다른 사람들에게 자신을 발전시키라고 요구할 수 없다.
그렇기 때문에 이 책의 마지막 두 가지 기술은 리더로서 자신을 성
찰하고 개발하는 데 중점을 둘 것이다. 결국, 존 F. 케네디_{John F. Kennedy}
가 알고 있듯이 "리더십과 배움은 서로에게 없어서는 안될 요소
이다."[1]

41 팀원들의 강점을 인식하라

What······
팀원들의 강점을 인식한다는 것은 무슨 의미인가?

팀원들의 강점을 인식하다는 것은 그들이 어떤 종류의 업무를 특별히 잘 수행할 수 있는지 의도적으로 알아내려고 노력하는 것을 의미한다. 이는 리더로서 **업무와 강점을 일치**시켜 팀원 개인과 팀 전체가 더 높은 성과 수준을 달성할 수 있도록 해 줄 것이다.

(역자 주: 업무에 있어 팀원들의 강점을 이해하는 것이 중요하다. 그 이유는 첫째, 강점에 따라 업무를 할당하는 데 도움이 될 수 있기 때문이다. 특정 업무에 특히 능숙한 팀원이 있다면 해당 업무를 그에게 할당하는 것이 합리적이다. 둘째, 팀원의 강점을 이해하는 것은 갈등을 해결하는 데 도움이 될 수 있기 때문이다. 두 팀원이 어떤 문제에 대해 의견이 일치하지

않는 경우 각자의 강점과 약점을 이해하면 양측을 모두 고려하는 방식으로 갈등을 중재할 수 있다. 셋째, 팀원의 강점을 이해하면 전체적으로 더 강력하고 다재다능한 팀을 구축하는 데 도움이 될 수 있기 때문이다.)

Why⋯⋯
팀원들의 강점을 인식하는 것이 왜 중요한 리더십 기술인가?

팀원의 강점을 이해하면 이를 영리하게 활용할 수 있다. 당신은 그들의 강점에 맞는 업무를 제공할 수 있으며, 따라서 그들은 특별히 잘 수행할 수 있는 기회를 갖게 된다. 또는 팀에서 다양한 강점을 함께 모아서 다양한 강점을 필요로 하는 복잡하고 도전적인 업무를 처리할 수 있다.

성과 증진 외에도 강점기반 리더십은 또한 강력한 **동기 효과**motivational effect를 가질 수 있다. 갤럽Gallup의 연구자들은 10,000명의 사람을 대상으로 리더의 가장 중요한 특성에 관한 인터뷰를 진행하였다. 그들은 리더가 추종자들의 강점에 집중할 때 추종자들이 업무에 적극 참여할 확률이 8배 증가한다는 것을 발견했다.[2] 따라서 갤럽 연구팀의 일원인 톰 래스Tom Rath는 팀원들의 강점을 찾아내는 것이 리더의 업무에서 "가장 중요한 부분"이라고 여긴다.[3]

당신이 그들의 강점을 안다면, 당신은 또한 팀원들에게 그들의 강점을 더욱 더 향상시키고 그들의 영역에서 최고 수준이 될 수 있는 기회를 제공할 수 있다. 사람들은 보통 그들의 강점과 어울리는 분야에서 일할 때 번창한다. 그리고 그들의 강점을 훨씬 더 높은 수준으로 발전시킬 수 있는 기회를 주는 것이 약점을 상쇄하는 것에 중점을 두는 것보다 훨씬 더 강력한 동기유발의 효과가 있을 수 있다.

그러므로 팀원들의 강점을 인식하는 것은 효과적인 리더의 가장 중요한 강점 중 하나이다.

How······
팀원들의 강점을 인식하려면 어떻게 해야 되는가?

강점을 인식한다는 것은 사실 다음과 같은 두 가지 의미를 가지고 있다.

1. 첫째, 이는 당신이 특정 활동에서 지속적으로 높은 성과를 낼 수 있는 사람들의 **능력을 이해**할 수 있다는 것을 의미한다.[4]
2. 둘째, 당신이 그 사람에게 그의 강점을 얼마나 높이 평가하는지를 보여 줌으로써 당신이 **그의 강점을 인정**하고 있다는 것을 의미한다. 이러한 유형의 인정은 강점의 사용을 강화하는 방법이기도 하다.

그렇다면 위의 첫째와 관련하여 팀원의 강점을 어떻게 인식할 수 있을까? 이에 사용할 수 있는 다음의 몇 가지 전략이 있다.

- 팀원이 어떤 업무와 활동을 특별히 잘 수행했는지 생각해 보라. 어떤 기본적인 강점이 그들의 뛰어난 성과에 기여할 수 있었는가?

- 당신이 팀원으로부터 무엇을 배울 수 있는지를 생각해 보라.
- 팀원들이 서로 간에 보이는 강점에 대해 피드백을 주는 팀 피드 백 라운드_{team feedback rounds}(역자 주: 조직 내에서 피드백을 제공하고 지속적인 개선을 촉진하기 위한 공동 접근 방식으로, 기존의 관리자에 서 직원으로의 단방향 피드백 흐름과는 달리 팀원들 간의 다방향 피드 백 교환을 장려함)를 구성하라.
- 팀원들이 가지고 있는 주요 강점을 파악하는 데 도움이 될 수 있 는 평가도구(유료)를 사용하라(예를 들어, 갤럽의 **강점검사**_{CliftonStrengths} 와 같은).

팀원들의 강점을 인식하기 위한 방법을 배우기 위해서는 **기술 18 피드백의 힘을 활용하라**를 참고하라.

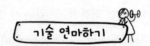

팀원들의 강점을 인식하기

팀원을 초대하여 다음 표를 살펴보고 그들의 주요 강점을 가장 잘 나타낸다고 생각하는 5개의 용어를 골라 원을 그리도록 요청하라 (그들이 이 목록에서 자신의 주요 강점을 확인할 수 없을 경우 새 용어를 추가할 수 있다).

집중력	의존할 수 있음	친절	위험감수
위임능력	세밀함	리더십 능력	자신감
비판력	결정	정신적 균형	자제력
정확성	근면	열린 마음	솔선성
적응성	규율	조직력	자기동기화
분석적 사고	배우려는 열의	참을성	사회적 지능
명료성	열정	인내심	자발성
주장성	유연성	설득력	전략적 사고
헌신	훌륭한 경청자	긍정성	재치
의사소통기능	훌륭한 네트워커	사려분별	가르치는 기술
창의력	훌륭한 발표자	신뢰성	팀플레이어
비판적 사고	유머	회복탄력성	기댈 수 있음
호기심	혁신성	책임	배우고자 하는 의지
_____	_____	_____	_____
_____	_____	_____	_____

　　팀원과 함께 강점에 대해 논의하는 '강점 토론회'를 구성하라. 어떤 유형의 업무가 팀원의 강점에 '가장 적합한지' 함께 확인해 보라.[5]

팀원들의 강점을 인식하는 것에 대한 나의 개인적인 메모

....

....

....

....

42 두려움이 없는 환경을 조성하라

What······
두려움이 없는 환경을 조성한다는 것은 무슨 의미인가?

두려움이 없는 환경에서 살고 일하는 것은 사람들이 성장하고 번영할 수 있는 기본적인 전제 조건이다. 두려움이 없는 환경을 조성한다는 것은 다음과 같은 의미를 가진다.

- 사람들은 질책을 받거나 거절당하는 것을 두려워하지 않고 **자유롭게 말할 수** 있다.
- 사람들은 위험을 감수하고 실수할 가능성이 있을 때 **부정적인 결과를 두려워할 필요가 없다.**
- 사람들은 **괴롭힘을 당하거나 굴욕을 주는** 어떤 종류의 행동에도 노출

되지 않는다.

Why……
두려움이 없는 환경을 조성하는 것이 왜 중요한 리더십 기술인가?

한 팀의 연구자들은 어떤 요인들이 팀을 효과적으로 만드는지를 알아내기 위해 구글Google의 180개 이상의 팀들을 조사했다. 크게 성공한 팀들에서 연구자들이 지금까지 발견한 가장 중요한 요인은 **심리적 안전**psychological safety, 즉 팀원들이 "위험을 감수하고 서로 앞에서 취약해지는 것"이 안전하다고 느끼는 정도이다.[6]

이것은 하버드 경영대학원 에이미 에드먼슨Amy Edmondson 교수의 20년이 넘는 연구 결과와 완전히 일치한다. 그녀는 자신의 저서 『두려움이 없는 조직The Fearless Organization』에서 심리적 안전감을 팀과 조직의 성과 차이를 설명하는 주요 요인이라고 밝혔다.[7] 그녀는 심리적 안전이 "결과로부터 면제"되는 것이 아니라 자신이 말하거나 위험을 감수할 때 거부당하거나 비난당하거나 굴욕감을 느끼는 "대인관계 두려움"에 의해 방해받지 않는 것이라고 썼다.[8]

만일 사람들이 안전하다고 느낀다면, 그들은 조직을 앞으로 나아가게 할 수 있는 비판적인 말들을 주저하지 않을 것이다. 실수(특히 리더 자신의 실수)에 대해 공개적으로 말하는 것이 괜찮은 분위기라면, 팀 전체가 배우고 성장할 수 있다.

How……
두려움이 없는 환경을 조성하려면 어떻게 해야 되는가?

  두려움이 없는 환경에서, 당신은 여전히 자신의 행동에 따른 결과
(예: 특정 영역에서 실제로 무능할 경우 실직)를 감수해야 하지만, **대인관**
계에서는 항상 공정하고 정중한 대우를 받을 것이다. 그런 환경에서는 팀
원 모두가 솔직하고 개방적인 태도를 취하는 것이 안전할 것이며,
실수를 하더라도 다른 팀원들이 자신에게 나쁜 반응을 보이지 않을
것이라고 확신할 수 있다.

  에이미 에드먼슨의 연구를 바탕으로 리더로서 두려움이 없는 환
경을 만들기 위해 할 수 있는 몇 가지 팁을 소개하면 다음과 같다.[9]

- **실패를 재구성하라.** 그것은 먼저 당신이 어떤 유형의 실패를 겪고
  있는지를 묻는 것을 의미한다. 피할 수 있는 실패인지(누군가가
  그저 태만했기 때문인지), 복잡한 실패인지(여러 다양한 요인의 조
  합에 의한 '시스템 실패' 때문인지), 아니면 지능적인 실패인지(누군
  가가 당신이 무언가를 배울 수 있는 것을 시도했기 때문인지) 말이다.
  그 비결은 실패를 무시하는 것이 아니라 실패가 어느 범주에 있
  는지 이해하고, "**누가 비난을 받아야 하는가?**"가 아니라 "**우리가 그것으**
  로부터 무엇을 배울 수 있는가?"라는 질문을 항상 던지는 것이다.
- **목적을 강조하라.** 팀이 좋은 성과를 내는 것이 왜 중요하며 누구를
  위한 것인지, 그리고 이것을 가능하게 하기 위해 개방적이고 솔
  직한 형태의 의사소통이 어떻게 도움이 될 수 있는지 설명하라.
- **팀원들이 목소리를 내는 것이 괜찮다는 신호를 보내라.** 예를 들어,

‘상황적 겸손’을 보여 주고(모든 것에 대한 답을 모른다고 인정하고), 좋은 질문을 하고, 적극적인 경청을 연습하고(**기술 14 적극적 경청을 연습하라** 참조), 당신이 사람들에게 기여하도록 요청하는 ‘공식적’ 공간(‘포럼’)을 만듦으로써 그렇게 할 수 있다.

- **사람들이 목소리를 내고 기여할 때 감사함을 표현하라**(경청하고 감사하다고 말한다).
- 솔루션과 학습중심의 접근 방식을 취하고, 도움을 제공하고, 앞을 내다봄으로써 **실패의 오명을 벗겨라.**
- **명백한 위반 행위를 제재하라.** 심리적 안전을 제공한다고 해서 모든 행동이 허용되는 것은 아니다. 리더는 경계를 분명히 할 필요가 있으며, 또한 반복적으로 규칙을 위반하거나 다른 사람의 심리적 안전을 무시하거나 다른 팀원이나 조직을 전체적으로 위험에 빠뜨리는 사람에게는 그에 따른 결과가 있어야만 한다.

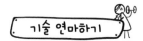

두려움이 없는 환경을 조성하기

다음번에 당신 혹은 팀의 누군가가 실수를 했을 때 다음 두 단계의 조치를 취해 보라.

1. **실패의 유형을 확인하라.** 피할 수 있는 실패인지, 복잡한 실패인지, 아니면 지능적인 실패인지 말이다.
2. **실패를 통해 무엇을 배울 수 있는지 물어보라.** 실수를 미래에 당신

의 팀과 조직을 위해 더 나은 결과를 보장하는 방법을 배우는
기회로 어떻게 사용할 수 있는지 팀원과 함께 논의해 보라.

두려움이 없는 환경을 조성하는 것에 대한
나의 개인적인 메모

....

....

....

....

....

....

....

....

....

....

43 도전적 과제를 제공하라

What·····
도전적 과제를 제공한다는 것은 무슨 의미인가?

　우리 모두는 이전에 해 본 적이 없는 복잡하고 까다로운 작업인 도전을 통해 성장한다.

　우리는 도전에 직면할 때 처음에는 어떻게 수행해 나갈 것인지 모르는 경우가 많다. 우리는 심지어 그것에 대해 불편함을 느낄 수도 있다. 하지만 우리는 **안전지대**comfort zone(역자 주: 심리적인 안정과 편안함을 느끼는 영역으로, 여기에서 벗어나면 불안감과 스트레스 반응을 유발함)**에서 벗어나야** 하고—과제를 완수하기 위해 새로운 기술을 배워야 하기 때문에—도전은 리더로서 자신과 팀원 모두에게 완벽한 발전을 위한 기회이다.

Why……
도전적 과제를 제공하는 것이 왜 중요한 리더십 기술인가?

팀원들에게 도전적 과제를 제공하는 것은 다음과 같은 다양한 긍정적 효과가 있다.

- **도전적 과제는 팀원들을 더 똑똑하게 만들 수 있다.** 도전하는 과정에서 새로운 지식과 기술을 습득하게 되기 때문이다.
- **도전적 과제는 팀원들을 더 강하게 만들 수 있다.** 문제를 해결하는 근력을 쌓고, 보다 어려움을 극복하는 회복탄력적인 방법을 배우며, 자기효능감(자신의 능력에 대한 신념)과 자존감을 증진시키기 위한 기회를 얻기 때문이다.
- **도전적 과제는 상당히 동기를 부여할 수 있다.** 가장 널리 알려진 현대 동기이론의 하나인 목표설정이론goal-setting theory에 따르면, 도전적인 목표는 강력한 동기부여 효과를 갖고 있는데, 특히 개인이 그 목표를 받아들이고 그 과정에서 피드백과 결합될 때 그렇다는 것이다(기술 18 피드백의 힘을 활용하라 참조).[10]
- **도전적 과제는 신뢰를 강화할 수 있다.** 당신이 팀원들에게 어려운 도전을 극복할 수 있다고 생각하는 모습을 보여 주고, 팀원들이 당신이 자신들을 믿어 준다는 느낌을 받게 되면 당신과 팀원들과의 관계에 있어서 신뢰 수준이 높아질 것이다.

How······
도전적 과제를 제공하려면 어떻게 해야 되는가?

리더로서 당신은 이상적으로는 팀원들의 발전 기회를 포착하는 안목을 길러야 한다. 다음 접근방법 중 하나 또는 조합을 시도해 보라.

- 팀원들의 현재 한계만 보는 것이 아니라 **잠재력을 찾아보라.** 어떤 분야에서 팀원들이 여전히 지식과 기술을 더 높은 수준으로 발전시킬 수 있으며, 어떤 종류의 도전적 과제가 그들에게 잠재력에 도달하는 데 도움이 될 수 있는가?
- 당신이 수행하거나 위임해야 할 새로운 과제가 있을 때마다 **이것을 통해 발전의 기회가 될 수 있는 사람이 누구인지 스스로에게 물어보라.** 이 특정 영역에서 이미 좋은 성과를 내고 있는 사람보다는 오히려 발전의 기회가 될 사람에게 과제를 배정하라.
- 팀원들에게 **자신의 개인적 발전 목표**에 대해 물어보고, 어떤 도전이 그 목표를 도달하는 데에 그들에게 도움이 될 수 있을지 생각해 보라.

팀원들을 위한 적합한 도전적 과제를 정하는 과정에서 그들을 포함시키는 것을 잊지 마라. 부과된 과제는 실제로 매우 의욕을 꺾을 수 있는데, 특히 팀원들이 이미 업무로 인해 과부하를 느끼고 있는 경우 더욱 그렇다. 먼저 도전하려는 의지를 갖도록 하고, 필요한 경우 추가 지원(예: 연수나 코칭 형태)을 제공하라.

팀원들에게 도전적 과제 제공하기

당신이 조직을 위해서뿐만 아니라 팀원들에게도 도움이 되는 도전적 과제를 제공할 수 있는 한 가지 방법을 제시하면 다음과 같다. [11]

1. **조직과 전체로서의 팀이 직면하고 있는 미래의 도전적 과제**에 대해 생각해 보라. 당신이 하나의 팀으로서 이 도전적 과제를 성공적으로 완수하는 데에 어떤 기술이 필요할까?
2. 팀이 가지고 있는 **현재 기술**을 평가하고 당신이 장차 성공하는 데에 필요한 기술과 비교해 보라.
3. **두 기술과의 격차**를 확인하라. 당신이 하나의 팀으로서 새로운 기술을 어디에서 개발해야 하는가?
4. 기술 격차를 좁히기 위해서 개별 팀원이나 전체로서의 팀에게 **당신이 제공할 수 있는 도전적 과제**가 무엇인지 생각해 보라.

도전적 과제를 제공하는 것에 대한 나의 개인적인 메모

....

....

....

44 팀원들을 코칭하라

What⋯⋯
팀원들을 코칭한다는 것은 무슨 의미인가?

(역자 주: 코칭$_{Coaching}$은 인재 개발 기법의 하나로서, 개인의 목표를 설정하고 효과적으로 달성할 수 있도록 자신감과 의욕을 고취시키고, 개인이 가진 실력과 잠재력을 최대한 발휘하여 성장할 수 있도록 지원하는 것을 말한다). 리더십 맥락에서 보면, 코칭은 리더로서 현명한 질문 방식을 사용하여 팀원이 도전적인 문제를 통해 생각하고, 자기인식을 높이고, 대안을 고려하며, 잠재력을 최대한 실현하거나 업무와 관련된 목표를 달성하기 위해 올바른 조치를 취하도록 돕는 목적 있는 상호작용이다.[12]

Why······
팀원들을 코칭하는 것이 왜 중요한 리더십 기술인가?

연구자들은 코칭이 코치를 받는 사람들에게 다음과 같은 다양한 긍정적 결과를 가져올 수 있다는 것을 관찰하였다.[13]

- 그들이 달성하고자 하는 것과 이를 어떻게 달성할 것인지에 대한 **보다 명확한 초점**
- 그들의 목표를 향해 일하고자 하는 더 높은 수준의 **동기 부여**
- 더 높은 수준의 **자기인식**(예: 자신의 목표, 강점 및 개발 요구 사항에 대해 더 많이 인식하게 됨)
- 코칭 과정을 통해 특정 문제를 처리하는 방법을 더 잘 이해할 수 있으므로 **자신감**의 향상
- **업무와 관련된 태도**에 대한 긍정적인 영향
- 향상된 **업무 성과**
- 향상된 **문제해결기술**

또한 **상대방의 말을 들어 준다는 느낌**과 사물을 다른 관점에서 볼 수 있는 기회를 얻는 것에서도 긍정적인 영향을 미친다.

결과적으로 팀과 조직은 코칭을 받는 팀원들의 생산성과 업무 성과 향상뿐만 아니라 사회성과 팀워크 기술 향상(팀 관련 문제가 코칭 대화에서 논의되는 경우)을 통해 이익을 얻을 수 있다.

How······
팀원들을 코칭하려면 어떻게 해야 되는가?

리더로서 당신은 팀원들과 **목표지향적인 코칭 대화를 행함**으로써 그
들을 코칭할 수 있다. 코칭 대화에서는 팀원이 문제 상황, 달성하려
는 목표, 그 목표를 달성하는 올바른 방법을 더 잘 이해하는 데 도움
이 되는 질문을 하는 구조화된 접근방식을 취한다. 코치로서 해야
할 일은 질문에 대한 답을 제공하는 것이 아니라 올바른 질문을 하
고 적극적으로 경청하는 것이다(**기술 14 적극적 경청을 연습하라** 참조).

코칭 대화를 구조화하기 위해 널리 사용된 방법은 GROW 모델로,
팀원이 다음과 같은 사항을 명확하게 하는 데 도움이 되는 질문을
하는 것이다(이 순서대로).[14]

- 목표(Goal): 그들이 달성하고자 하는 것은 무엇인가?
- 현실(Reality): 현재 상황은 어떠한가?
- 대안(Options): 상황을 개선하기 위한 대안적인 조치는 무엇인가?
- 실행의지(Will): 그들은 상황을 개선하기 위해 실제로 무엇을 할
  것인가? 그들은 어떤 구체적인 행동 조치를 취할 것인가?

리더로서 당신은 이러한 구조화된 방식의 질문을 통해 팀원이 명
확하게 목표를 설정하고 그 목표를 달성하기 위해 할 수 있는 것이
무엇인가를 탐색하도록 도와줄 수 있다. 그런 다음 책임 파트너 역
할을 하여 나중에(이상적으로 합의된 시점에) 그들이 하고자 원했던
것을 실행하였는지, 그리고 그로부터 무엇을 배웠는지(또는 대안적

으로 그들이 실행하지 못함으로써 무엇을 배웠는지) 물어볼 수도 있다.

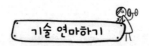

팀원들을 코칭하기

다음에 팀원(혹은 친구)과 대화를 할 때 코칭 대화로 전환해 보라. GROW 모델의 4단계를 따라 다음과 같은 목표지향적인 질문을 하라.[15]

- 목표: "이 문제와 관련하여 무엇을 달성하고 싶습니까?" "이 목표가 당신에게 중요한 이유는 무엇인가요?" "외부 상황보다 당신의 행동에 의존하도록 어떻게 목표를 재구성할 수 있습니까?" "당신이 목표를 달성했다는 것을 어떻게 알 수 있습니까?"

- 현실: "이 상황에 기여한 주요 요인은 무엇인가요?" "그밖에 누가 이 문제에 연루되어 있나요?" "그들의 역할은 무엇인가요?" "그들의 관심사는 무엇인가요?" "주요 장애물은 무엇인가요?" "당신이 행동 조치를 취하는 데 방해가 되는 것은 무엇인가요?"

- 대안: "문제에 대한 잠재적 해결책은 무엇인가요?" "그밖에 무엇을 할 수 있습니까?" "이 장애물을 제거하기 위해 무엇을 할 수 있습니까?" "그렇게 하려면 어떻게 해야 할까요?"

- 실행의지: "무엇을 하겠습니까?" "목표를 달성하기 위해 어떤 대안을 추구할 것인가?" "어떤 구체적인 행동 조치를 취할 것인가?" "언제 이것을 실행에 옮길 것인가?"

팀원들을 코칭하는 것에 대한 나의 개인적인 메모

45 학습과 개발의 기회를 만들라

What......
학습과 개발의 기회를 만든다는 것은 무슨 의미인가?

공식적인 연수 세미나, 코칭, 혹은 새로운 도전적 과제를 제공하는 것 외에도 또한 **팀원들의 지식과 역량을 향상시키기 위한 기회를 제공하는 여러 방법**이 있다. 학습과 개발의 기회를 만드는 것은 팀원들의 기술을 증진시키는 데 도움이 되는 학습 과정을 적극적으로 고안하고 실행하는 것을 의미한다.

Why······
학습과 개발의 기회를 만드는 것이 왜 중요한 리더십 기술인가?

팀원들이 성장하도록 돕는 것은 리더의 가장 중요한 임무 중 하나이다. 새로운 기술을 개발하고 기존의 기술을 강화하는 것은 팀원들을 보다 유능하게 만들 뿐만 아니라 또한 보다 자신감을 갖도록 해줄 것이다. 새로운 지식과 기술은 팀원들이 보다 생산적으로 일하고, 새로운 도전을 받아들이며, 예상치 못한 상황을 더 잘 처리하게 해 줄 수 있다. 이는 팀원들과 조직 전체에 큰 이익이 될 수 있다. 뭔가 새로운 것을 학습할 수 있는 기회는 또한 팀에 활력을 불어넣고, 높은 수준의 참여를 창출하고 유지할 수 있다.

How······
학습과 개발의 기회를 만들려면 어떻게 해야 되는가?

팀원들에게 학습과 개발의 기회를 만들어 주는 다음과 같은 여러 가지 방법이 있다.[16]

1. **쉐도잉**shadowing **기회를 만들라.** 이는 한 팀원이 하루나 일주일과 같이 특정 기간 동안 다른 팀원(또는 리더)과 동행하고 관찰하도록 하는 것이다(역자 주: 쉐도잉이란 특히 작업을 배우거나 행동을 연구하기 위해 그림자처럼 누군가를 따라다니면서 면밀히 관찰하는 행위를 말함). 이것은 팀원의 기술 기반을 확장하는 데 도움이

될 수 있으며, 동시에 업무 간 혹은 부서 간 협업을 촉진할 수 있는 기회를 만들어 준다.

2. **팀원들 간의 교차 교육을 장려하고 조직하라.** 팀원 모두가 의심할 여지없이 몇 가지 특별한 기술을 가지고 있다. 팀의 수학 애호가에게 몇 가지 기본 데이터 분석 방법을 다른 팀원들에게 교육해 달라고 요청하라. 또는 기술 분야에 눈부시게 실력이 뛰어난 팀원에게 해당 분야의 최신 개발에 대해 보고해 달라고 요청하라. 팀원들 간의 교차 교육은 팀원들이 동료의 강점을 인식하는 데 도움이 될 수 있으며, 그들의 지식과 기술을 공유할 기회를 얻는 사람들의 자신감을 높일 수 있다.

3. **멘토링의 힘을 활용하라.** 보다 경험이 많은 팀원에게 후배 팀원의 멘토가 되어 달라고 요청하라. 멘토는 지도와 지원을 제공하고, 홍보 담당자 역할을 하며, 네트워크 구축을 도울 수 있다. (리더로서 당신 또한 특정 영역에서 좀 더 경험이 많은 팀원들, 예를 들어 기술 관련 문제에 실력이 탁월한 젊은 팀원들에게 멘토링을 받을 수 있다.)

4. **팀 북 클럽을 조직하라.** 당신과 팀원들이 팀의 업무와 관련된 전문적인 책을 읽는 클럽을 만들어 책을 읽고 나서 팀원들과 함께 팀이 배운 점과 시사받은 점에 대해 토의하라.

5. **직무 설명서에 없는 추가 책임을 제공하라.** 팀원들의 공식적인 역할 이외의 과제로부터 새로운 것을 학습할 수 있는 기회를 제공하는 것은 그들의 기술 기반을 확충할 수 있고, 또한 그들에게 새로운 경력의 가능성을 열어 줄 수 있다.

그러한 학습 준비가 긍정적인 동기 부여 효과를 갖도록 하려면 이를 팀원들에게 강요하지 말아야 한다. 진정한 참여는 사람들이 학습 과정뿐만 아니라 학습 내용과 방법을 선택하는 데에도 완전히 참여될 때 적극 이루어진다.

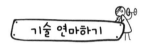

학습과 개발의 기회 만들기

백지에 팀원들 중 한 명의 이름을 적어라. 그런 다음 이 사람이 자신의 직무를 보다 효과적으로 수행하기 위해서 혹은 다음 단계의 경력을 준비하기 위해서 개발할 수 있거나 개발해야 하는 기술을 적어라. 이러한 기술을 개발하거나 강화하기 위해 위의 다섯 가지 유형의 학습 및 개발 기회 중 하나 또는 여러 가지를 어떻게 사용할 수 있는지 생각해 보라. 구체적으로, 예를 들어 어떤 사람을 '쉐도잉 대상' 또는 멘토로 지정할 수 있는지 생각해 보라.

학습과 개발의 기회를 만드는 것에 대한 나의 개인적인 메모

....

....

....

46 팀원들을 참여시키라

What……
팀원들을 참여시킨다는 것은 무슨 의미인가?

팀원들은 팀과 조직의 성공을 위해 전념하고자 하는 자세로 그들의 직무에서 최선을 다하고 잘 수행하기 위해 헌신할 때 적극 참여하고 몰입하게 된다. 적극 참여한 팀원들에게 있어서 일이란 단순히 '직무' 그 이상의 것이다. 그들은 자신이 하는 일에 열정적이며, 일에 대한 강한 **긍정적인 정서 유대감**을 가지고 있다.

물론, 참여는 강요될 수 없는 것이지만 리더의 행위는 팀의 참여도에 지대한 영향을 미칠 수 있다.

Why······
팀원들을 참여시키는 것이 왜 중요한 리더십 기술인가?

팀의 높은 참여도는 다음과 같은 다양한 이점을 제공할 수 있다.[17]

- 연구 결과에 따르면, 참여와 수행성과 간에는 밀접한 관련이 있다.
- 또한 참여와 직원들의 행복과 삶의 만족도 간에는 정적 상관관계가 있다.
- 참여도가 높은 직원들은 직장을 그만 둘 의향이 낮은 경향이 있다 (이는 이직률을 감소시킴).
- 참여도가 높은 팀원들은 다른 팀원들에게 긍정적인 동기 부여 효과를 가질 수 있다.

마지막으로 중요한 것은 참여도가 높은 팀원들은 일반적으로 학습과 자기개발에 더 개방적이며, 이는 결국 팀 전체의 발전에 기여한다는 점이다.

How······
팀원들을 참여시키려면 어떻게 해야 되는가?

리더십 전문가 스티브 래드클리프_Steve Radcliffe_는 다음과 같은 참여의 네 가지 주요 측면을 밝히고 있다.[18]

1. **사람들이 리더로서 당신과의 관계에서 가치 있다고 느끼게 하라.** 당신은 그들에게 경청하고 있고, 그들의 선택에 관심을 갖고 있으며, 그들이 참여하기를 원한다는 느낌을 그들에게 갖게 함으로써 그렇게 할 수 있다(기술 14 **적극적 경청을 연습하라** 참조). 그것은 단순히 '일을 완수하는 것' 외에도 의식적으로 관계를 구축하는 것이다.

2. **미래를 함께 창조할** 팀원들을 초대하라. 조직의 미래가 어떤 모습일지, 그리고 거기에 도달하기 위해 어떤 조치를 취해야 하는지에 대해 생각하는 데 적극적으로 그들을 포함시켜라(당신이 무엇을 하고 싶은지 그들에게 단순히 말하는 대신에).

3. 팀원들과 함께 **특정의 기회와 우선순위**에 집중하라. 머리를 맞대고 팀으로서 노력을 집중하고 싶은 특정 분야에서 어떻게 하면 뛰어난 성과를 낼 수 있는지 논의하라(기술 24 **올바른 우선순위를 정하라** 참조).

4. **당신이 기대하는 바를 매우 분명하게 하라.** 결과는 사람들이 행동을 취할 때 얻어지는 것이므로 당신이 팀의 미래 우선순위에 동의를 한 후에는 당신이 기대를 명확하게 표현해야 할 때이기도 하다.

팀원들에게 무엇을 해야 할지 단순히 지시하기보다 그들을 적극적으로 참여시키려고 노력한다면, 즉 그들이 수동적으로 명령을 받는 것이 아니라 미래의 적극적인 공동 창조자라는 느낌을 갖게 된다면 큰 변화가 생길 것이다. 래드클리프가 말했듯이 리더로서 당신은 모든 상호작용을 팀원들을 참여시키는 기회로 볼 수 있다.[19]

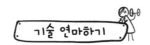

팀원들을 참여시키기

다음번에 새로운 계획을 시작하려 할 때, 이를 팀원들을 참여시키는 기회로 활용할 수 있는 방법에 대해 신중하게 생각해 보라.

당신이 하기를 의도하는 바를 팀원들에게 '전달'하거나 지시하는 것을 자제하라. 대신 미래를 공동으로 창안하는 데 그들을 참여시키고 우선순위를 함께 정하라. 당신이 그들의 의견에 정말로 관심이 있다는 느낌을 그들에게 주어라.

당신이 함께하고 싶은 것에 대해 좋은 논의를 했을 때, 당신이 팀원들에게 기대하는 것에 대해 매우 명확하게 하는 것을 잊지 마라.

팀원들을 참여시키는 것에 대한 나의 개인적인 메모

....

....

....

....

....

47 성과 문제를 해결하라

What……
성과 문제를 해결한다는 것은 무슨 의미인가?

사람은 기계가 아니다. 우리는 누구나 더 좋은 날도 있고 더 나쁜 날도 있다. 때로는 더 동기가 부여되기도 하고 때로는 덜 의욕을 주기도 한다. 그리고 우리는 항상 동일한 높은 수준에서 성과를 낼 수 있는 것이 아니다. 우리 모두는 어떤 날에는 평소의 기준에 비해 성과가 저조하다. 공감적인 리더는 이를 알고 수용하며, 최악의 나날을 보내고 있는 팀원들에게 너무 가혹하지 않을 것이다.

그렇지만 팀원들이 계속해서 **저조한 성과**를 보일 때(이는 그들이 해당 직무의 기본 요구 사항을 충족할 수 없음을 의미함), 이를 명시적으로 해결하고 성과 문제의 **근본적인 원인**을 파악한 다음 팀원과 함께 **문제**

를 논의하고 해결하는 것이 리더의 임무이다.

Why⋯⋯
성과 문제를 해결하는 것이 왜 중요한 리더십 기술인가?

지속적인 저조한 성과는 조직에 부정적인 결과를 초래할 수 있음은 분명하다. 팀원들이 합리적인 품질 기준 및/또는 합의된 기간 내에 작업을 완료할 수 없는 경우, 이는 제대로 된 작업 수행에 의존하는 고객이나 다른 사람들에게 부정적인 영향을 미칠 수 있다.

또한, 한 명의 팀원이 지속적으로 저조한 성과를 거두면 도미노현상domino effect이 발생해 팀 전체의 사기를 저하시킬 수 있다. 리더로서 당신은 팀 전체의 성과에 책임이 있다. 그렇기 때문에 성과 문제가 발생했을 때 이를 해결해야 한다.

How⋯⋯
성과 문제를 해결하려면 어떻게 해야 되는가?

성과 문제를 해결하려면 다음과 같이 질병을 치료하려는 의사처럼 일을 해야 한다.

1. 증상 인식
2. 근본 원인 진단

3. 올바른 치료법 찾기

성과 문제의 **증상**으로는 마감일을 놓침, 결근이 잦음, 참여도가 낮음, 혹은 다른 팀원이나 고객의 불만이 반복됨 등 여러 가지가 있을 수 있다.

그런 증상을 알아차렸을 때는 조금 더 깊이 파고들어 무엇이 잘못된 것인지를 찾아내야 할 때이다. 팀원과의 대화를 통해서만 **올바른 근본 원인을 진단**할 수 있을 것이다. 불편함을 느끼더라도 지체 없이 진단하는 것이 중요하다. 당신의 인식에 대해 해당 팀원에게 적시에 피드백을 제공하고(**기술 18 피드백의 힘을 활용하라** 참조), 당신이 어렵고 힘든 대화를 이겨 내는 방법에 대해 배운 내용을 적용하고(**기술 19 어렵고 힘든 대화를 이겨 내라** 참조), 성과 문제의 근본 원인을—이상적으로는 선입견보다는 질문 접근방식을 사용하여—찾아내도록 노력하라.

잠재적인 근본 원인은 다음과 같다.[20]

- 건강 문제나 개인적 문제와 같은 업무와 관련되지 않은 문제
- 싫증과 피로
- 자원의 부족
- 역량이나 기술의 부족
- 부당한 대우를 받거나(아마도 급여에 관해서) 충분한 지원을 받지 못한다는 기분
- 발전과 성장의 여지가 없음
- 업무 과부하 및 업무 관련 스트레스
- 동기 부여 문제(예: 일의 의미를 찾지 못함, 충분한 도전 의식이 없

음, 지루함)

- 명확하지 않은 기대
- 직장 내 대인관계 문제(예: 동료와의 갈등)
- 리더십을 저하시키는 행동

마지막 몇 가지 사항에서 알 수 있듯이 근본 원인이 반드시 팀원들 자신에게 있는 것만은 아니고, 다른 사람들(리더인 당신을 포함하여)도 문제의 원인이 될 수 있다(혹은 최소한 그 문제에 관여할 수 있다).

팀원과의 열린 논의를 통해 구체적인 근본 원인을 파악했으면 올바른 **치료법**을 찾도록 하라. 자원을 제공하거나, 연수나 새로운 도전을 제공하거나, 팀 내 갈등을 해결하는 것이 그 예가 될 수 있다. 여기서 중요한 점은 **치료법을 근본 원인과 일치**시키는 것이다.

만약 개입이 효과가 없으면, 팀원과 또 다른 대화를 나누고 당신이 기대하는 바를 분명히 한 후에 다시 시도하라. 그래도 아무런 효과가 없다면, 이젠 그 사람에게 더 적합한 다른 업무로 재배치하는 것에 대해 생각해 보아야 할 것이다.

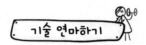

성과가 높고 낮은 이유를 파악하기

성과 변동의 원인을 더 잘 이해하려면 다음의 연습을 이용하라.

1. 일정 기간(예: 2~3주) 동안 자신의 성과를 관찰하라. 하루가 끝 날 때마다 1='매우 낮음'에서 10='세계적 수준'에 이르기까지 10점 척도로 자신의 성과 수준을 평가하라. 성과가 높거나 낮 은 이유가 무엇이라고 생각하는지를 설명하는 몇 가지 키워드 를 적어라.
2. 만약 당신이 팀원들을 코치하고 싶다면, 그들에게 같은 연습을 하도록 요청하라. 그런 다음 코칭 방법에 따라 그들과 함께 결 과에 대해 논의하라(**기술 44 팀원들을 코칭하라** 참조).

성과 문제를 해결하는 것에 대한 나의 개인적인 메모

....

....

....

....

48 변화를 관리하라

What·····
변화를 관리한다는 것은 무슨 의미인가?

선도는 항상 어딘가로 이끄는 것, 즉 팀을 현재의 위치에서 미래의 특정 목표를 달성하는 방향으로 이끌어 가는 것을 의미한다. A에서 B로 나아가려면 몇 가지 사항이 변화되어야 한다. **변화를 관리한**다는 것은 조직에서 전환 또는 변환 과정을 시작하고 구현하기 위해 구조화된 접근 방식을 취하는 것을 의미한다. 팀원들이 변화를 지지하거나 적어도 불필요하게 방해하지 않도록 과정에 참여시키는 것이 중요하다.

Why⋯⋯
변화를 관리하는 것이 왜 중요한 리더십 기술인가?

성장과 발달은—개인적 차원이든 조직적 차원이든 상관없이—변화가 없이는 가능하지 않다. 따라서 다른 사람이나 조직이 성장하고 발달하도록 돕고 싶다면 변화를 관리하는 방법을 이해해야만 한다. "사실상 모든 리더십은 변화에 관한 것이다."라고 베스트셀러 리더십 작가인 크리스 허스트Chris Hirst는 말한다. "정의에 따르면, 리더십은 현상 유지에 관한 것이 될 수 없다."[21]

의도적으로 변화를 관리하는 것이 또한 중요한데, 왜냐하면 사람들이 변화하는 것은 꽤 어려울 수 있기 때문이다. 아마도 어떤 사람이 "누가 변화를 원하는가?"라고 물으면 모두가 손을 들고 있고, 질문이 "누가 변화하고 싶나요?"로 바뀌면 모두가 그저 땅만 내려다보고 있는 만화를 본 적이 있을 것이다. 사람들은 종종 변화가 자신에게 불리하다고 두려워하기 때문에 변화에 의해 영향을 받는 사람들의 관심사와 감정을 고려하고 해결하는 것이 중요하다.[22]

How⋯⋯
변화를 효과적으로 관리하려면 어떻게 해야 되는가?

앞으로 변화를 추진할 때 고려해야 할 몇 가지 사항은 다음과 같다.[23]

1. **변화에 대한 합당한 이유를 가지라.** 사람들은 변화가 왜 필요한지 이해할 때만 변화를 기꺼이 받아들일 것이다. 따라서 변화 관리 전문가인 존 코터$_{John\ Kotter}$는 변화를 관리함에 있어서 리더의 첫 번째 임무를 "긴박감 조성"으로 보고 있다.

2. **주요 인물을 먼저 참여시키라.** 변화를 공개적으로 알리기 전에 영향력 있는 이해당사자는 물론 팀의 주요 인물의 지지를 얻도록 노력하라. 개인적인 일대일 대화를 통해 그들의 약속을 확보한 후에만 공식적으로 변화 계획을 시작하라.

3. **변화 과정에서 팀을 참여시키라.** 단지 무엇을 다르게 해야 하는지 알려 주는 대신 팀원들로부터 변화를 구현하는 방법에 대한 아이디어를 얻으려고 노력하라. 변화 과정에서 목소리를 낸 사람들은 변화를 받아들일 가능성이 훨씬 더 높다.

4. **매우 명확하게 소통하라.** 불확실성은 변화 상황 중에 두려움의 가장 큰 원천 중 하나이다. 그러므로 변화의 내용, 변화되어야 할 이유, 달성되어야 할 목표, 변화의 구현 방법, 그리고 매우 중요하게는 변화가 팀원들에게 미칠 영향을 명료하면서도 간단하게 소통하라.

5. **변화를 실험으로 삼아라.** 사람들은 특정 변화가 좋은 아이디어인지 확신하지 못할 때, 일이 계획대로 진행되지 않을 경우 결정을 되돌릴 가능성을 열어 두면서 그것이 어떻게 작동하는지 알아보기 위해 함께 노력하는 것에 동의하기가 더 쉽다.

6. **'빠른 승리'를 보장하라.** 변화 계획 중 일부가 신속하게 구현되고 실제로 상황이 더 나은 방향으로 바뀌는 것을 보면 팀에 강력한 동기 부여 효과를 줄 수 있다.

7. **진행 상황을 검토하라.** 제대로 진행되고 있는지 정기적으로 확인 하고(예: 핵심 성과 지표를 사용하여), 변화에 대해 팀과 계속 대 화를 나누어라(여기서 특히 중요한 것은 변화 노력에 많은 기여를 한 사람에 대해 칭찬이나 보상을 주는 것이다).

8. **성공을 축하하라.** 잠시 멈추고 변화 목표를 달성한 팀에게 감사 인사를 전하는 것을 잊지 마라.

변화의 기간 동안 일이 원활하고 쉽게 유지될 것이라고 기대하지 마라. 도중에 문제를 예상하고 받아들일 시간을 허용하되,[24] 동시에 긍정적인 에너지를 계속 퍼트려야 한다(기술 03 긍정적인 에너지를 퍼뜨려라 참조).

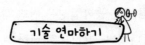

변화를 효과적으로 관리하기 위한 준비

당신의 다음 변화 계획을 시작하기 전에 먼저 다음과 같은 질문에 답을 해 보라.

• 변화를 강행해야 하는 이유와 그로 인해 얻게 되는 잠재적 이점 이 무엇인가?
• 변화 계획을 공식적으로 시작하기 전에 먼저 참여시켜야 할 주 요 인물은 누구인가?
• 변화로 인해 부정적인 영향을 받을 사람은 누구이며, 그의 저항

을 피하거나 완화하기 위해 어떻게 소통할 것인가?

• 빠르고 쉽게 구현할 수 있는 '빠른 승리'의 방법은 무엇인가?

변화를 관리하는 것에 대한 나의 개인적인 메모

....

....

....

....

....

....

....

....

....

....

....

49 성찰 세션을 구성하라

What······
성찰 세션을 구성한다는 것은 무슨 의미인가?

　성찰 세션reflective session은 당신과 팀이 "당신이 무엇을 하는지, 어떻게 하는지, 왜 하는지를 성찰"[25]하기 위해 특별히 마련된 시간이다(역자 주: 이는 의제 항목 중 하나로 정기 회의의 일부일 수도 있고, 비판적 성찰을 위해 특별히 예정된 별도 회의일 수도 있음). 그것은 당신으로 하여금 의도적으로 일상적인 업무에서 벗어나 '실행' 모드에서 '학습' 모드로 변경할 수 있도록 해 준다.

Why……
성찰 세션을 구성하는 것이 왜 중요한 리더십 기술인가?

팀의 성과를 향상시키기 위한 도구로서 성찰의 세션이 지니는 효과성은 다양한 맥락에서 언급되어 왔다. 그 예로는 일본 기업에서 품질 수준이 급등하는 데 도움이 된 품질 서클, 민첩한 작업 팀에서의 **스프린트 회고 회의**_{sprint retrospective meetings} (무엇이 효과가 있었고 다음번에 개선할 점이 무엇인지를 논의하기 위해 짧고 강도 높은 작업 기간이 끝날 때 개최되는 회의—기술 37 **민첩한 팀을 만들라** 참조) 또는 조직의 경영진이 전반적인 목표와 방향을 재조정할 수 있도록 하는 정기적인(예: 매년) **전략적 주기**_{strategy cycles} (역자 주: 시장에서 조직의 생존과 경쟁력에 중요한 일련의 상호 연결된 단계를 포함하며, 조직이 다양한 개발 단계를 탐색하고, 변화하는 시장 동향에 적응하며, 장기적인 성공을 달성할 수 있도록 지원하는 지침 프레임워크 역할을 함)가 있다.

때때로 팀과 함께 성찰 세션을 개최하면 다음과 같은 이점을 얻을 수 있다.

- 팀이 성장하고 협업을 개선하며 수행과 생산성을 향상시킬 수 있는 **좋은 학습 기회**이다.
- 팀과 함께 **성과를 축하할 수 있는 기회**가 되어 기분이 좋고 팀 내 유대감 형성에도 기여할 수 있다.
- 팀을 의도적으로 초대하여 목소리를 높이고 비판적인 의견을 제기하는 '안전한 공간'을 제공하므로 **두려움이 없는 환경을 조성**하는 데 도움이 될 수 있다(기술 42 **두려움이 없는 환경을 조성하라** 참조).

- 팀원들의 의견을 묻고 그들의 생각을 듣는 시간을 가지면서 **그들을 참여시킬 수 있는 기회**가 된다(기술 46 팀원들을 참여시키라 참조).
- 동일한 실수를 두 번 반복하는 것을 방지하고 앞으로 문제가 발생하기 전에 예상하는 데 도움이 될 수 있다.

How……
성찰 세션을 구성하려면 어떻게 해야 되는가?

성찰 세션은 구성하기가 비교적 간단하다. 프로젝트를 마친 후, 프로젝트의 중요한 이정표를 완료했을 때, 또는 팀이 왜 그리고 어떻게 협력하고 있는지를 성찰하기 위해 짧은 시간을 할애하여 이익을 얻을 수 있다고 생각하는 다른 시점에 팀을 소집하라.

회의의 목적에 대해 모든 사람에게 알리고(공동 작업을 개선할 수 있는 방법을 서로에게 배우기 위해), 다음 네 가지 질문에 대한 답변을 준비하도록 요청하라.

1. 우리의 공동 작업(예: 프로젝트 X)에서 **잘된 점**과 앞으로도 계속하고 싶은 일은 무엇인가?
2. **무엇이 그렇게 잘 진행되지 않았으며**, 따라서 우리가 중단하고 싶은 것은 무엇인가?
3. 다음에는 **무엇을 개선**하거나 다르게 할 수 있는가?
4. 다음 단계에서는 **어디에 초점을 맞춰야** 하는가?

팀 회의에서 이 네 가지 질문을 검토하고 팀원 모두에게 자신의 의견을 솔직하게 말하도록 요청하라. 회의가 끝나면 간단한 실행 계획(가급적이면 실제로 전념하고 있는 몇 가지 실행 단계만 포함)에 동의한 다음, 서면 형식으로 모든 팀원들에게 배포하라.

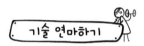

기술 연마하기

시작-중지-계속 회고를 구성하기

앞의 질문들을 구성하는 약간의 다른 방법은 민첩한 회고retrospectives를 위한 **시작-중지-계속** 기법이다(다음 성찰 세션의 지침으로 사용할 수도 있음).

팀 과제를 완료한 후 팀과 함께 모여 다음 세 가지 질문에 답해 보라.[26]

1. **시작**: 팀으로서 우리가 앞으로 무엇을 시작해야 하는가?
2. **중지**: 우리는 무엇을 중지해야 하는가?
3. **계속**: 우리는 무엇을 계속해야 하는가?

시각 자료(플립 차트, 화이트보드 혹은 가상 보드)를 사용하여 팀의 피드백을 기록하라.

성찰 세션을 구성하는 것에 대한 나의 개인적인 메모

50 자기개발의 롤 모델이 되어라

What······
자기개발의 롤 모델이 된다는 것은 무슨 의미인가?

당신이 팀원들에게 리더로 받아들여진다면, 당신의 태도와 행동은 팀원들에게 큰 영향을 미칠 수 있다. 연구 결과에 따르면, 새로운 리더로의 전환은 팀원들 간의 태도 변화로도 이어질 수 있음이 확인되었다.[27] 당신은 **개인적 성장의 중요성을 강조**하기 위해 이 '롤 모델 효과$_{\text{role model effect}}$'를 사용할 수 있다.

학습자의 마음자세를 보여 주고, 새로운 아이디어를 배우는 데 열려 있고, 개인적으로 학습 활동에 참여한다는 것을 보여 주면, 팀 내 다른 사람들에게 모범이 되는 것이다, 그것이 그들도 성장하고 발전하도록 격려할 가능성이 높다.

Why……
자기개발의 롤 모델이 되는 것이 왜 중요한 리더십 기술인가?

리더십 전문가 존 C. 맥스웰_{John C. Maxwell}은 "성장은 성공하는 사람과 그렇지 않은 사람을 구분하는 큰 기준이다."[28]라고 썼다. 이는 리더로서의 개인적 성장뿐만 아니라 팀 전체의 발전에도 해당된다. 자기개발에 중점을 두는 것은 당신의 지식과 기술 기반을 강화할 뿐만 아니라, 당신의 관점을 확장하고, 자신감을 키우며, 당신과 팀 모두를 더 성공적으로 만드는 데 도움이 될 수 있다.

리더로서 당신은 자기개발의 롤 모델이 됨으로써 팀 내 **학습 문화**를 조성하는 데 기여할 수 있다. 당신은 또한 모든 사람이 개인 및 조직의 성과를 향상시키기 위해 새로운 지식과 기술을 지속적으로 습득하려고 노력하는 커뮤니티를 발전시킬 수 있다.

How……
자기개발의 롤 모델이 되려면 어떻게 해야 되는가?

팀원들 자기개발의 롤 모델이 되기 위해 리더로서 할 수 있는 일은 다음과 같다.

- **학습자의 마음자세를 보여 주어라.** 예를 들어, 당신은 '모든 것을 안다'는 태도를 취하는 대신 일이 어떻게 작동하는지에 대해 호기심 갖기, 모르는 것에 대해 인정하기, 무언가를 설명하기 위해

다른 사람을 초대하기, 그리고 모든 답을 가지고 있는 대신 질문하기를 통해 당신의 개방성과 학습의지를 보여 줄 수 있다. 올바른 마음자세를 가지면 다른 사람들과의 모든 만남이 배우고 성장할 수 있는 기회가 될 수 있다.

- **당신의 안전지대를 기꺼이 떠나라.** 당신이 어렵고 힘든 과제에 직면했을 때 당신의 학습 곡선은 가파를 것이다(**기술 43 도전적 과제를 제공하라** 참조). 새로운 기술을 배우고 시야를 넓히는 명확한 목표를 가지고 때때로 새로운 과제(예: 고위 관리자인 경우 매장에서 일주일 동안 일하기)에 도전해 보라.

- **학습 활동에 참여하라.** 팀원들을 위한 교육 세미나를 조직할 뿐만 아니라 적극적으로 참여하라.

- **팀원들과 학습한 내용에 대해 토론하라.** 성찰 시간을 사용하여 다른 사람들에게 무엇을 배웠는지 물어보되(**기술 49 성찰 세션을 구성하라** 참조), 당신 또한 무엇을 배웠는가를, 특히 자신이 저지른 실수로부터 배운 것을 그들에게 말하는 것을 잊지 마라.

- **"우리는 그것으로부터 무엇을 배울 수 있나요?"라는 질문을 자주 하라.** 당신이 선택하는 단어들은 현실을 창조하는 데 기여한다. 배움에 대해 말하는 것은 당신과 팀이 배움을 멈추지 않는 데 도움이 될 것이다.

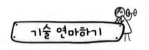

자기개발의 단계

다음 6개의 질문을 사용하여 자기개발을 할 때 취해야 할 단계를
확인하라.

1. 앞으로 달성하거나 성취하고 싶은 '큰 일'은 무엇인가?
2. 당신의 동기는 무엇인가? 왜 그것을 성취하고 싶은가?
3. 자신을 정말 자랑스럽게 만들 수 있는 방식으로 목표를 달성하
   려면 어떤 지식과 기술을 개발해야 하는가?
4. 우선순위를 정하려면, 더 높은 수준으로 개발될 경우 목표 달성
   에 가장 큰 변화를 가져올 지식이나 기술 영역은 무엇인가?
5. 이 지식이나 기술 분야에서 더 높은 수준에 도달하기 위해 어떤
   구체적인 개발 단계를, 언제까지 밟을 예정인가?
6. 팀의 다른 사람들도 당신의 지식 및 기술 개발 계획을 통해 이
   익을 얻을 수 있도록 하려면 어떻게 해야 하는가?

자기개발의 롤 모델이 되는 것에 대한 나의 개인적인 메모

끝맺는 말

- 이제 난, 멋진 리더로 살아간다 -

자, 이제 리더십은 하루 만에 배울 수 없다는 사실을 직시하자(이런 책을 갖더라도). 훌륭한 리더는 항상 자신이 **평생의 개발 여정**에 있는 것처럼 생각한다. 이 책이 개인적 리더십 개발 여정에 참여하는 데 영감을 주고 유용하다는 것을 알게 되었기를 바란다.

모든 장을 읽고 일부 기술 구축 연습도 완료했다면 이미 당신의 리더십 방식에 몇 가지 변화가 있음을 인식하기 시작했을 것이다.

나는 당신이 다음과 같이 되었기를 바란다.

- 리더십 역할에 대해 더 많은 **자신감**을 얻었다.
- 의사소통 방식에 대해 **긍정적 피드백**을 받았다.
- 자신과 팀 모두를 위해 **올바른 우선순위를 설정**할 수 있었다.
- **제대로 기능하는 팀**을 만드는 데 기여했다.
- 다른 사람들의 개인적인 성장 경로에서 **그들을 지원**했다.

이는 당신을 더 나은 리더로 만들 뿐만 아니라, 당신이 일하거나 자원 봉사하는 조직과 다른 사람들의 삶 모두에 정말로 변화를 가져오는 사람이 되도록 해 준다.

이 책 또는 그 안에 들어 있는 몇 가지 아이디어가 당신의 학습 여정에 변화를 가져왔고 팀원, 동료, 학생 또는 친구에게도 도움이 될 수 있다고 생각한다면 공유하라!

더 많은 청중들에게 변화를 줄 수 있는 간결하고 접근하기 쉽고 저렴한 책을 만들어야 한다는 사명을 가진 독립적인 작가이자 출판사로서, 솔직한 온라인 리뷰 작성을 통해 이 책에 대한 입소문을 널리 퍼뜨릴 수 있도록 도움을 주면 특히 감사하겠다. 몇 줄을 작성하는 데 1~2분밖에 안 걸리지만 큰 긍정적인 영향을 미칠 수 있다. 더 많은 사람들이 리더십 역량을 향상할수록 협업, 팀워크, 신뢰의 문화 속에서 사회의 문제를 더 많이 해결할 수 있을 것이다.

이 분야의 최신 발전에 대한 정보를 계속 제공받고, 스마트한 학습자를 위한 새로운 도서에 대한 보다 자세한 정보를 얻고 싶다면 *www.econcise.com/newsletter*를 방문하여 뉴스레터를 구독하는 것도 환영한다.

마지막으로, 이 책을 읽어 주고 다른 사람을 잘 이끄는 것은 항상 자신을 먼저 이끌고 발전시키는 것부터 시작된다는 것을 이해하는 훌륭한 리더 커뮤니티의 일원으로 참여해 주어 **감사하다**는 말씀을 전하고 싶다. 이 책의 그림을 통해 당신과 동행한 '꼬마 슈퍼히어로'의 창작자인 에바와 함께, 우리는 당신이 더 나은 리더가 되기 위한 여정을 날마다 계속 이어 가기를 기원한다!

후주Endnotes

1장 리더십 마인드셋을 개발하라

[1] Lubar, K., & Halpern, B. L. (2004). *Leadership Presence: Dramatic Techniques to Reach Out, Motivate, and Inspire.* New York, NY: Avery, p. 3.

[2] Fox Cabane, O. (2012). *The Charisma Myth: Master the Art of Personal Magnetism.* London: Portfolio Penguin, p. 4.

[3] Ibid, p. 6.

[4] Lubar, K., & Halpern, B. L. (2004). *Leadership Presence: Dramatic Techniques to Reach Out, Motivate, and Inspire.* New York, NY: Avery.

[5] Strycharczyk, D., Clough, P., & Perry, J. (2021). *Developing Mental Toughness: Strategies to Improve Performance, Resilience and Wellbeing in Individuals and Organizations.* 3rd ed. London: Kogan Page, pp. 101-105.

[6] Ibid, p. 104.

[7] Ibid, p. 108.

[8] Fox Cabane, O. (2012). *The Charisma Myth: Master the Art of Personal Magnetism.* London: Portfolio Penguin, p. 141.

[9] 원래 '될 때까지 그런 척이라도 하라' 효과에 대한 증거를 주장한 연구는 Carney, D. R., Cuddy, A. J., & Yap, A. J.

(2010). Power posing: Brief nonverbal displays affect neuroendocrine levels and risk tolerance. *Psychological Science, 21*(10), 1363-1368이다. 그러나 이 연구는 많은 논란을 불러일으켰다. 이 논의에 대해 기여한 두 가지 연구로는 Simmons, J. P., & Simonsohn, U. (2017). Power posing: P-curving the evidence. *Psychological Science, 28*(5), 687-693과 Cuddy, A. J., Schultz, S. J., & Fosse, N. E. (2018). P-curving a more comprehensive body of research on postural feedback reveals clear evidential value for power-posing effects: Reply to Simmons and Simonsohn (2017). *Psychological Science, 29*(4), 656-666이 있다.

[10] Fox Cabane, O. (2012). *The Charisma Myth: Master the Art of Personal Magnetism.* London: Portfolio Penguin, p. 241에 근거하였다.

[11] Malinga, K. S., Stander, M., & Nell, W. (2019). Positive leadership: Moving towards an integrated definition and interventions. In: L. E. Van Zyl and S. Rothman Sr. (eds.), *Theoretical Approaches to Multi-Cultural Positive Psychological Interventions* (pp. 201-228). Cham: Springer Nature Switzerland.

[12] Clarkson, B. G., Wagstaff, C. R., Arthur, C. A., & Thelwell, R. C. (2020). Leadership and the contagion of affective phenomena: A systematic review and mini meta-analysis. *European Journal of Social Psychology, 50*(1), 61-80, p. 61.

[13] Robbins, A. (2001). *Awaken the Giant Within: Take Immediate Control of Your Mental, Emotional, Physical and Financial*

Destiny. London: Simon & Schuster UK/Pocket Books, pp. 216-222.

[14] Kraft, T. L., & Pressman, S. D. (2012). Grin and bear it: The influence of manipulated facial expression on the stress response. *Psychological Science, 23*(11), 1372-1378.

[15] Younger, H. R. (2021). *The Art of Caring Leadership: How Leading With Heart Uplifts Teams and Organizations*. San Francisco, CA: Berrett-Koehler Publishers, p. 1.

[16] Chan, S. C., & Mak, W. M. (2012). Benevolent leadership and follower performance: The mediating role of leader-member exchange (LMX). *Asia Pacific Journal of Management, 29*(2), 285-301.

[17] Houston, M. (2021). The art of caring leadership in business can increase ROI. Forbes. https://www.forbes.com/sites/melissahouston/2021/06/16/the-art-of-caring-leadership-in-business-can-increase-roi/?sh=46f7e2422dad. Published 16 June 2021, accessed 23 March 2022.

[18] Younger, H. R. (2021). *The Art of Caring Leadership: How Leading With Heart Uplifts Teams and Organizations*. San Francisco, CA: Berrett-Koehler Publishers.

[19] Ibid.

[20] 성장 마인드셋 대 고정 마인드셋의 개념은 스탠퍼드 대학교 심리학과 교수 Carol Dweck에 의해 소개되었다. 그녀의 가장 인기 있는 저서는 다음과 같다. Dweck, C. (2006). *Mindset: The New Psychology of Success*. New York, NY: Ballantine Books.

[21] Kouzes, T. K., & Posner, B. Z. (2019). Influence of managers' mindset on leadership behavior. *Leadership & Organization Development Journal,* 40(8), pp. 829-844, p. 829.

[22] Strycharczyk, D., Clough, P., & Perry, J. (2021). *Developing Mental Toughness: Strategies to Improve Performance, Resilience and Wellbeing in Individuals and Organizations.* 3rd ed. London: Kogan Page, pp. 53; 57.

[23] Peters, S. (2012). *The Chimp Paradox: The Mind Management Programme for Confi dence, Success and Happiness.* London: Vermilion.

[24] 유사한 연습이 Peters, S. (2012). *The Chimp Paradox: The Mind Management Programme for Confidence, Success and Happiness.* London: Vermilion, pp. 211-212에 의해 제안되었다.

[25] Sternad, D. (2020). *Effective Management: Developing Yourself, Others and Organizations.* London: Red Globe Press.

[26] Mind Tools (n.d.). What are your values? https://www.mindtools.com/pages/article/newTED_85.htm. Accessed 25 March 2022.

[27] 이 연습은 Sternad, D. (2020). *Effective Management: Developing Yourself, Others and Organizations.* Red Globe Press, p. 66에서 가져온 것이다. Bloomsbury Publishing plc.의 허락을 받고 게재하였다.

[28] Strycharczyk, D., Clough, P., & Perry, J. (2021). *Developing Mental Toughness: Strategies to Improve Performance, Resilience and Wellbeing in Individuals and Organizations.*

3rd ed. London: Kogan Page, p. 71.

[29] Li, J., Zhang, J., & Yang, Z. (2017). Associations between a leader's work passion and an employee's work passion: A moderated mediation model. *Frontiers in Psychology, 8,* https://www.frontiersin.org/article/10.3389/fpsyg.2017.01447.

[30] Clear, J. (2018). *Atomic Habits: An Easy and Proven Way to Build Good Habits and Break Bad Ones.* London: Random House Business Books.

[31] Maxwell, J. C. (2013). *Sometimes You Win, Sometimes You Learn: Life's Greatest Lessons Are Gained From Our Losses.* New York, NY: Center Street.

[32] Bailey, J. R., & Rehman, S. (2022). Don't underestimate the power of self-reflection. https://hbr.org/2022/03/dont-underestimate-the-power-of-self-reflection, published 4 March 2022, accessed 11 July 2022.

[33] Ibid.

[34] Ibid.

[35] Lanaj, K., Foulk, T. A., & Erez, A. (2019). Energizing leaders via self-reflection: A within-person field experiment. *Journal of Applied Psychology, 104*(1), 1-18.

[36] 이 연습은 Driscoll, J. (1994). Reflective practice for practise. *Senior Nurse, 14*(1), 47-50에서 제안된 세 가지 질문에 기초하고 있다.

2장 영향력 있게 의사소통을 하라

[1] Watzlawick, P., Bavelas, J. B., & Jackson, D. D. (1967). *Pragmatics of Human Communication: A Study of Interactional Patterns, Pathologies and Paradoxes.* New York, NY: W. W. Norton.

[2] Marquet, D. L. (2020). *Leadership is Language: The Hidden Power of What You Say-and What You Don't.* London: Penguin Random House, pp. 130-31.

[3] Robbins, A. (2001). *Awaken the Giant Within: Take Immediate Control of Your Mental, Emotional, Physical and Financial Destiny.* London: Simon & Schuster/Pocket Books, pp. 179-180.

[4] Ibid, p. 182.

[5] Ibid, p. 193.

[6] Navarro, J., & Sciarra Pointer, T. (2021). *Be Exceptional: Master the Five Traits that Set Extraordinary People Apart.* London: Thorsons.

[7] Ibid.

[8] Barker, A. (2019). *Improve Your Communication Skills: How to Build Trust, Be Heard and Communicate With Confidence.* 5th ed. London: Kogan Page, p. 72

[9] Ibid, pp. 73-75.

[10] Ibid, pp. 77-81; Kuhnke, E. (2013). *Communication Skills for Dummies.* Chichester: John Wiley & Sons, pp. 103-104.

[11] Pascal, B. (1909). *Minor Works.* Translated by O. W. Wright.

New York, NY: P. F. Collier & Sons. Available at https://www.bartleby.com/48/3/7.html, accessed 16 February 2022.

[12] Brown, B. (2020). *Interview with Brené Brown on courage, vulnerability, + never listening to the critics.* https://www.mantramagazine.com/single-post/2020/04/24/interview-with-bren%C3%A9-brown-on-courage-vulnerability-and-never-listening-to-the-critics, published 24 April 2020, accessed 16 Feburary 2022.

[13] Folkman, J. R. (2006). *The Power of Feedback: 35 Principles for Turning Feedback from Others Into Personal and Professional Change.* Hoboken, NY: John Wiley & Sons, p. xv.

[14] Dweck, C. S. (2006). *Mindset: The New Psychology of Success.* New York, NY: Random House.

[15] Barker, A. (2019). *Improve Your Communication Skills: How to Build Trust, Be Heard and Communicate With Confidence.* 5th ed. London: Kogan Page, p. 62.

[16] Patterson, K., Grenny, J., McMillan, R., & Switzler, A. (2012). *Crucial Conversations: Tools for Talking When the Stakes Are High.* 2nd ed. New York, NY: McGraw-Hill, p. 3.

[17] Patterson, K., Grenny, J., McMillan, R., & Switzler, A. (2012). *Crucial Conversations: Tools for Talking When the Stakes Are High.* 2nd ed. New York, NY: McGraw-Hill.

[18] Ibid, p. 133.

3장 목적과 우선순위를 명확히 하라

[1] Grant, A. M. (2012). Leading with meaning: Beneficiary contact, prosocial impact, and the performance effects of transformational leadership. *Academy of Management Journal, 55*(2), 458-476.

[2] Katzenbach, J. R., & Smith, D. K. (1993). The discipline of teams. *Harvard Business Review,* March/April. 111-120, p. 113.

[3] PeopleLeaders (n.d.). How to create a team purpose statement in three steps (and why). *https://peopleleaders.com.au/create-team-purpose-statement-in-three-steps/*, accessed 16 December 2022.

[4] Sternad, D. (2020). *Effective Management: Developing Yourself, Others and Organizations.* London: Red Globe Press, p. 216.

[5] Lafley, A. G., & Martin, R. L. (2013). *Playing to Win: How Strategy Really Works.* Boston, MA: Harvard Business Review Press.

[6] Sola, D., & Couturier, J. (2014). *How to Think Strategically: Your Roadmap to Innovation and Results.* Harlow: Pearson Education Limited, pp. 151; 216에 의해 제안된 'From-To' 프레임워크로부터 확장된 것이다.

[7] merriam-webster.com (n.d.). Goal. *https://www.merriam-webster.com/dictionary/goal*, accessed 21 December 2022.

[8] Minto, B. (2008). *The Pyramid Principle.* 3rd ed. Harlow: Financial Times Prentice Hall; Pelard, F. (2020). *How to Be Strategic.* London: Penguin Business.

[9] Drucker, P. (1967). *The Effective Executive*. New York, NY: Harper & Row, p. 24.

[10] Sternad, D. (2020). *Effective Management: Developing Yourself, Others and Organizations*. London: Red Globe Press, p. 44.

[11] McKeon, G. (2020). *Essentialism: The Disciplined Pursuit of Less*. Trade paperback edition. New York, NY: Currency, p. 23.

[12] Sternad, D. (2021). *Solve It! The Mindset and Tools of Smart Problem Solvers*. Moosburg: econcise, p. 94.

[13] Sternad, D. (2020). *Effective Management: Developing Yourself, Others and Organizations*. London: Red Globe Press, p. 89.

[14] Ibid, p. 89.

[15] Ibid, p. 88.

[16] 이 연습은 Canfield, J., & Switzer, J. (2004). Complete delegation exercise. http://www.thesuccessprinciples.com/resource/TSP-DelegationExercise.pdf, accessed 23 December 2022에 의해 제안된 아이디어에 기초하였다.

[17] Sternad, D. (2021). *Solve It! The Mindset and Tools of Smart Problem Solvers*. Moosburg: econcise, p. 1.

[18] Pittino, D. (2022). *The Concise Leadership Textbook: Essential Knowledge and Skills for Developing Yourself as a Leader*. Moosburg: econcise, p. 15.

[19] Ibid, p. 17.

[20] Sternad, D. (2021). *Solve It! The Mindset and Tools of Smart Problem Solvers*. Moosburg: econcise.

21 Ibid.

22 Dholakia, U. M. (2017). What is a "good" decision. https://
www.psychologytoday.com/us/blog/the-science-behind-
behavior/201707/what-is-good-decision, published 9 July
2017, accessed 30 December 2022.

23 kanbanize.com (n.d.). What is a bottleneck and how to deal
with it? https://kanbanize.com/lean-management/pull/
what-is-bottleneck, accessed 2 January 2023.

24 Malik, F. (2015). *Managing Performing Living: Effective
Management for a New World.* Frankfurt am Main: Campus,
p. 330.

25 Hyatt, M. (2019). *Free to Focus: A Total Productivity System
to Achieve More By Doing Less.* Grand Rapids, MI: Baker
Books, p. 108.

25 Based on ideas in: Hyatt, M. (2019). *Free to Focus: A Total
Productivity System to Achieve More By Doing Less.* Grand
Rapids, MI: Baker Books, p. 110.

26 Ibid.

27 다음 제안은 Burkeman, O. (2021). *Four Thousand Weeks: Time
and How to Use It.* London: The Bodley Head에 기초한 것
이다.

4장 승리하는 팀을 구축하라

[1] Jordan, M. (1994). *I Can't Accept Not Trying: Michael Jordan on the Pursuit of Excellence.* San Francisco, CA: Harper San Francisco, pp. 20-24.

[2] Rath, T., & Conchie, B. (2000). *Strengths-Based Leadership: Great Leaders, Teams, and Why People Follow.* New York, NY: Gallup Press, p. 21.

[3] Bryant, A. (n.d.). How to hire the right person. https://www.nytimes.com/guides/business/how-to-hire-the-right-person, accessed 8 October 2022; Sternad, D. (2020). *Effective Management: Developing Yourself, Others and Organizations.* London: Red Globe Press.

[4] 이 아이디어의 일부는 Bryant, A. (n.d.). How to hire the right person. https://www.nytimes.com/guides/business/how-to-hire-the-right-person, accessed 8 October 2022에 기초한 것이다.

[5] 이 팀과 다른 팀의 역할은 Belbin, R. M. (2012). *Team Roles at Work.* 2nd ed. London: Routledge에서 제안된 것이다.

[6] 이 질문의 일부는 Sternad, D. (2020). *Effective Management: Developing Yourself, Others and Organizations.* London: Red Globe Press, p. 118에 기초한 것이다.

[7] Lee, P., Gillespie, N., Mann, L., & Wearing, A. (2010). Leadership and trust: Their effect on knowledge sharing and team performance. *Management Learning, 41*(4), 473-491.

[8] Citrin, J. M., & DeRosa, D. (2021). No trust, no team: Six best practices for building trust on virtual teams. https://www. spencerstuart. com/leadership-matters/2021/march/no-trust-no-team, published 25 March 2021, accessed 19 August 2022; Crowe Associated Ltd. (n.d.). The importance of trust in teams. http://www. crowe-associates. co. uk/teams-and-groups/the-importance-of-trust-in-teams/, accessed 19 August 2022.

[9] Timms, M. (2022). 5 ways leaders can build trust no matter where their teams work. https://www. astcompany. com/90728111/5-ways-leaders-can-build-trust-no-matter-where-their-teams-work, published 10 March 2022, accessed 19 August 2022.

[10] Patterson, K., Grenny, J., Maxfi eld, D., McMillan, R., & Switzler, A. (2013). *Crucial Accountability: Tools for Resolving Violated Expectations, Broken Commitments, and Bad Behavior.* 2nd ed. New York, NY: McGraw Hill.

[11] Ibid.

[12] Sternad, D. (2020). *Effective Management: Developing Yourself, Others and Organizations.* London: Red Globe Press.

[13] Hanabury, E., & Stoddart, L. (2020). How to lead virtual teams successfully. https://www8. gsb. columbia. edu/ articles/columbia-business/how-lead-virtual-teams-successfully, published 28 May 2020, accessed 17 August 2022; Pittino, D. (2022). *The Concise Leadership Textbook:*

Essential Knowledge and Skills for Developing Yourself as a Leader. Moosburg: econcise; Sternad, D. (2020). *Effective Management: Developing Yourself, Others and Organizations.* London: Red Globe Press; Sternad, D. (2021). The challenges of managing remotely. https://youtu.be/ PatLR8Pr-QA, video published 1 February 2021, accessed 17 August 2022.

[14] Clayton, S. J. (2021). An agile approach to change management. *Harvard Business Review.* https://hbr. org/2021/01/an-agile-approach-to-change-management, published 12 January 2021, accessed July 2022; Pittino, D. (2022). *The Concise Leadership Textbook: Essential Knowledge and Skills for Developing Yourself as a Leader.* Moosburg: econcise.

[15] scrum.org (n.d.). What is scrum? https://www.scrum.org/ resources/what-is-scrum, accessed 17 August 2022.

[16] scrum.org (n.d.). What is sprint planning? https://www.scrum. org/resources/what-is-sprint-planning, accessed 17 August 2022.

[17] Pittino, D. (2022). *The Concise Leadership Textbook: Essential Knowledge and Skills for Developing Yourself as a Leader.* Moosburg: econcise; Sternad, D. (2020). *Effective Management: Developing Yourself, Others and Organizations.* London: Red Globe Press.

[18] Silva, T., Cunha, M. P. E., Clegg, S. R., Neves, P., Rego, A., & Rodrigues, R. A. (2014). Smells like team spirit: Opening a

paradoxical black box. *Human Relations, 67*(3), 287-310.

[19] Carron, A. V., Bray, S. R., & Eys, M. A. (2002). Team cohesion and team success in sport. *Journal of Sports Sciences, 20*(2), 119-126; Mach, M., Dolan, S., & Tzafrir, S. (2010). The differential effect of team members' trust on team performance: The mediation role of team cohesion. *Journal of Occupational and Organizational Psychology, 83*(3), 771-794; Paul, R., Drake, J. R., & Liang, H. (2016). Global virtual team performance: The effect of coordination effectiveness, trust, and team cohesion. *IEEE Transactions on Professional Communication, 59*(3), 186-202.

[20] Pittino, D. (2022). *The Concise Leadership Textbook: Essential Knowledge and Skills for Developing Yourself as a Leader.* Moosburg: econcise; Townsend, J., Phillips, J. S., & Elkins, T. J. (2000). Employee retaliation: The neglected consequence of poor leader-member exchange relations. *Journal of Occupational Health Psychology, 5*(4), 457-463.

[21] 이 제안의 일부는 Carron, A.V., Eys, M.A., & Burke, S.M. (2007). Team cohesion. In Jowett S., & Lavallee, D. (Eds.), *Social Psychology in Sport* (pp. 91-102). Champaign, IL: Human Kinetics에 기초한 것이다.

[22] Hill, L., & Lineback, K. (2011). *Being the Boss: The 3 Imperatives for Becoming a Great Leader.* Boston, MA: Harvard Business School Publishing; Sternad, D. (2020). *Effective Management: Developing Yourself, Others and Organizations.* London: Red Globe Press.

5장 다른 사람들의 성장을 도와주라

[1] Kennedy, J. F. (1963). Remarks prepared for delivery at the Trade Mart in Dallas, TX, November 22, 1963 [undelivered]. https://www.jfklibrary.org/archives/other-resources/john-f-kennedy-speeches/dallas-tx-trade-mart-undelivered-19631122, accessed 26 January 2023. [John F. Kennedy는 자신이 사망하는 날 이 인용문으로 연설을 할 계획이었다.]

[2] Gallup (2009). The strengths of leadership. https://news.gallup.com/businessjournal/113956/strengths-leadership.aspx, published 26 February 2009, accessed 9 August 2022.

[3] Ibid.

[4] CliftonStrengths (n.d.). What is a strength? https://www.strengthsquest.com/help/general/142466/strength.aspx, accessed 8 August 2022.

[5] 이 연습은 Sternad, D. (2020). *Effective Management: Developing Yourself, Others and Organizations*. London: Red Globe Press, p. 64에 기초한 것이다.

[6] Rozovsky, J. (2015). The five keys to a successful Google team. https://rework.withgoogle.com/blog/five-keys-to-a-successful-google-team/, published 17 November 2015, accessed 11 August 2022.

[7] Edmondson, A. (2019). *The Fearless Organization: Creating Psychological Safety in the Workplace for Learning, Innovation, and Growth*. Hoboken, NJ: Wiley.

[8] Ibid.

[9] Ibid.

[10] Locke, E. A., & Latham, G. P. (2006). New directions in goal-setting theory. *Current Directions of Psychological Science*, *15*(5), 265-268.

[11] 이 연습은 Sternad, D. (2020). *Effective Management: Developing Yourself, Others and Organizations*. London: Red Globe Press, p. 83에서 가져온 것이다.

[12] 코칭에 대한 이 정의는 Sternad, D. (2021). *Developing Coaching Skills: A Concise Introduction*. Moosburg: econcise, p. 6에서 가져온 것이다.

[13] 이 절은 전체가 Sternad, D. (2021). *Developing Coaching Skills: A Concise Introduction*. Moosburg: econcise, pp. 10-11에 기초한 것이다.

[14] 다음 질문은 Sternad, D. (2021). *Developing Coaching Skills: A Concise Introduction*. Moosburg: econcise, p. 28에 기초한 것이다. GROW 모델은 Sir John Whitmore [Whitmore, Sir J. (2017). Coaching for Performance: The Principles and Practice of Coaching and Leadership. 5th ed. London/Boston: Nicholas Brealey Publishing.]에 의해 알려졌다.

[15] 질문은 Sternad, D. (2021). *Developing Coaching Skills: A Concise Introduction*. Moosburg: econcise, pp. 31-36; 38-39에서 일부 가져온 것이다.

[16] Sudakow, J. (2017). 6 creative ways to develop your people that don't cost any money. https://www.inc.com/james-sudakow/6-creative-ways-to-develop-your-people-that-dont-cost-any-money.html, published 10 May 2017,

accessed 8 August 2022.

[17] Bailey, C., Madden, A., Alfes, K., & Fletcher, L. (2017). The meaning, antecedents and outcomes of employee engagement: A narrative synthesis. *International Journal of Management Reviews, 19*(1), 31-53.

[18] Radcliffe, S. (2012). *Leadership: Plain and Simple.* 2nd ed. Harlow: Pearson.

[19] Ibid.

[20] Sternad, D. (2020). *Effective Management: Developing Yourself, Others and Organizations.* London: Red Globe Press.

[21] Hirst, C. (2019). *No Bullsh*t Leadership.* London: Profile Books, p. 15.

[22] Sternad, D. (2020). *Effective Management: Developing Yourself, Others and Organizations.* London: Red Globe Press, p. 280.

[23] Kotter, J. P. (2007). Leading change: Why transformation efforts fail. *Harvard Business Review, 86*(7/8), 130-139; Marquet, D. L. (2020). *Leadership is Language: The Hidden Power of What You Say—and What You Don't.* London: Penguin Random House; Maxwell, J. C. (2018). *Developing the Leader Within You 2.0.* New York, NY: HarperCollins Leadership.

[24] Maxwell, J. C. (2018). *Developing the Leader Within You 2.0.* New York, NY: HarperCollins Leadership.

[25] ACECQA (2020). Meetings and reflective sessions. https://

www.acecqa.gov.au/sites/default/files/2021-03/RegularMee
tingsAndReflectiveSessions.pdf, accessed 11 August 2022.

[26] miro.com (n.d.). Start, stop, continue retrospective template.
https://miro.com/templates/start-stop-continue-retrospective/,
accessed 11 August 2022.

[27] Geys, B., Connolly, S., Kassim, H., & Murdoch, Z. (2020).
Follow the leader? Leader succession and staff attitudes in
public sector organizations. *Public Administration Review,
80*(4), 555-564.

[28] Maxwell, J. C. (2018). *Developing the Leader Within You 2.0.*
New York, NY: HarperCollins Leadership, p. 213.

권장도서

1장 리더십 마인드셋을 개발하라

01 리더십 존재감을 키우라

Fox Cabane, O. (2012). *The Charisma Myth: Master the Art of Personal Magnetism.* London: Portfolio Penguin.

Lubar, K., & Halpern, B. L. (2004). *Leadership Presence: Dramatic Techniques to Reach Out, Motivate, and Inspire.* New York, NY: Avery.

02 자신감을 보이라

Fox Cabane, O. (2012). *The Charisma Myth: Master the Art of Personal Magnetism.* London: Portfolio Penguin.

Strycharczyk, D., Clough, P., & Perry, J. (2021). *Developing Mental Toughness: Strategies to Improve Performance, Resilience and Wellbeing in Individuals and Organizations.* 3rd ed. London: Kogan Page.

03 긍정적인 에너지를 퍼뜨려라

Gordon, J. (2017). *The Power of Positive Leadership: How and Why Positive Leaders Transform Teams and Organizations and Change the World.* Hoboken, NJ: Wiley.

04 관심을 갖고 있다는 것을 보여 주어라

Younger, H. R. (2021). *The Art of Caring Leadership: How Leading With Heart Uplifts Teams and Organizations.* San Francisco, CA: Berrett-Koehler Publishers.

05 성장 마인드셋을 기르라

Dweck, C. (2006). *Mindset: The New Psychology of Success.* New York, NY: Ballantine Books.

06 자신의 감정을 조절하라

Peters, S. (2012). *The Chimp Paradox: The Mind Management Programme for Confidence, Success and Happiness.* London: Vermilion.

07 자신의 가치를 알라

Kraemer Jr., H. M. J. (2011). *From Values to Action: The Four Principles of Values-Based Leadership.* San Francisco, CA: Jossey-Bass.

08 전적으로 헌신하라

Clear, J. (2018). *Atomic Habits: An Easy and Proven Way to Build Good Habits and Break Bad Ones.* London: Random House Business Books.

09 회복탄력성을 가지라

Maxwell, J. C. (2013). *Sometimes You Win, Sometimes You*

Learn: Life's Greatest Lessons Are Gained From Our Losses.
New York, NY: Center Street.

10 자기성찰을 습관화하라

Bailey, J. R., & Rehman, S. (2022). Don't underestimate the power of self-reflection. https://hbr.org/2022/03/dont-underestimate-the-power-of-self-reflection, published 4 March 2022, accessed 11 July 2022.

2장 영향력 있게 의사소통을 하라

11 자존감의 욕구를 존중하라

Marquet, D. L. (2020). *Leadership is Language: The Hidden Power of What You Say-and What You Don't.* London: Penguin Random House.

Watzlawick, P., Bavelas, J. B., & Jackson, D. D. (1967). *Pragmatics of Human Communication: A Study of Interactional Patterns, Pathologies and Paradoxes.* New York, NY: W. W. Norton.

12 의사소통의 목표를 명료화하라

Kuhnke, E. (2013). *Communication Skills for Dummies.* Chichester: John Wiley & Sons, Chapter 2: Knowing what you want to achieve.

13 질문을 유도하라

Marquardt, M. J. (2014). *Leading With Questions: How Leaders Find the Right Solutions by Knowing What to Ask.* San Francisco, CA: Jossey-Bass.

Robbins, A. (2001). *Awaken the Giant Within: Take Immediate Control of Your Mental, Emotional, Physical and Financial Destiny.* London: Simon & Schuster/Pocket Books, Chapter 8: Questions are the answer.

14 적극적 경청을 연습하라

Rogers, C. R., & Farson, R. E. (1957). *Active Listening.* Chicago, IL: Industrial Relations Center, University of Chicago.

15 비언어적 신호를 해독하라

Navarro, J., & Sciarra Pointer, T. (2021). *Be Exceptional: Master the Five Traits that Set Extraordinary People Apart.* London: Thorsons, Chapter 2: Observation-Seeing what matters.

16 자신의 아이디어를 설득력 있게 제시하라

Barker, A. (2019). *Improve Your Communication Skills: How to Build Trust, Be Heard and Communicate With Confidence.* 5th ed. London: Kogan Page, Chapter 5: The skills of persuasion.

17 사람의 정서에 호소하라

Brown, B. (2018). *Dare to Lead: Brave Work, Tough*

Conversations, Whole Hearts. London: Vermilion.

18 피드백의 힘을 활용하라

Folkman, J. R. (2006). *The Power of Feedback: 35 Principles for Turning Feedback from Others Into Personal and Professional Change.* Hoboken, NY: John Wiley & Sons.

19 어렵고 힘든 대화를 이겨 내라

Patterson, K., Grenny, J., McMillan, R., & Switzler, A. (2012). *Crucial Conversations: Tools for Talking When the Stakes Are High.* 2nd ed. New York, NY: McGraw-Hill.

20 협상의 달인이 되라

Fisher, R., Ury, W. L., & Patton, B. (1991). *Getting to Yes: Negotiating Agreement Without Giving In.* Boston/New York: Houghton Mifflin Company.

3장 목적과 우선순위를 명확히 하라

21 명확한 목적을 가지라

Sinek, S. (2017). *Find Your Why: A Practical Guide for Discovering Purpose for You and Your Team.* New York, NY: Portfolio / Penguin.

22 전략적으로 사고하라

Lafley, A. G., & Martin, R. L. (2013). *Playing to Win: How Strategy Really Works*. Boston, MA: Harvard Business Review Press.

Sola, D., & Couturier, J. (2014). *How to Think Strategically: Your Roadmap to Innovation and Results*. Harlow: Pearson Education Limited.

23 목표를 분명히 하라

Minto, B. (2008). *The Pyramid Principle*. 3rd ed. Harlow: Financial Times Prentice Hall.

24 올바른 우선순위를 정하라

McKeon, G. (2020). *Essentialism: The Disciplined Pursuit of Less*. Trade paperback edition. New York, NY: Currency.

25 효과적으로 위임하라

Landry, L. (2020). How to delegate effectively: 9 tips for managers. https://online.hbs.edu/blog/post/how-to-delegate-eff ectively, published 14 January 2020, accessed 23 December 2022.

Sternad, D. (2020). *Effective Management: Developing Yourself, Others and Organizations*. London: Red Globe Press.

26 문제를 해결하라

Sternad, D. (2021). *Solve It! The Mindset and Tools of Smart*

Problem Solvers. Moosburg: econcise.

27 더 나은 결정을 내리라

Hammond, J. S., Keeney, R. L., & Raiffa, H. (2015). *Smart Choices: A Practical Guide to Making Better Decisions*. Boston, MA: Harvard Business Review Press.

28 병목 현상을 파악하라

Goldratt, E. M., & Goldratt-Ashlag, E. (2010). *The Choice*. Revised ed. Great Barrington, MA: North River Press.

29 불필요한 것을 제거하라

Hyatt, M. (2019). *Free to Focus: A Total Productivity System to Achieve More By Doing Less*. Grand Rapids, MI: Baker Books.

30 시간을 현명하게 사용하라

Burkeman, O. (2021). *Four Thousand Weeks: Time and How to Use It*. London: The Bodley Head.

4장 승리하는 팀을 구축하라

31 적합한 인물을 팀에 배치하라

Bryant, A. (n.d.). How to hire the right person. https://www.nytimes.com/guides/business/how-to-hire-the-right-person, accessed 8 October 2022.

32 역할과 규칙을 명확히 하라

Belbin, R. M. (2012). *Team Roles at Work*. 2nd ed. London: Routledge.

33 신뢰와 친밀감을 형성하라

Citrin, J. M., & DeRosa, D. (2021). No trust, no team: Six best practices for building trust on virtual teams. https://www.spencerstuart.com/leadership-matters/2021/march/no-trust-no-team, published 25 March 2021, accessed 19 August 2022.

Timms, M. (2022). 5 ways leaders can build trust no matter where their teams work. https://www.fastcompany.com/90728111/5-ways-leaders-can-build-trust-no-matter-where-their-teams-work, published 10 March 2022, accessed 19 August 2022.

34 책무성을 보장하라

Patterson, K., Grenny, J., Maxfield, D., McMillan, R., & Switzler, A. (2013). *Crucial Accountability: Tools for Resolving Violated Expectations, Broken Commitments, and Bad Behavior*. 2nd ed. New York, NY: McGraw Hill.

35 회의를 생산적으로 만들라

Sternad, D. (2020). *Effective Management: Developing Yourself,*

Others and Organizations. London: Red Globe Press.

36 가상 팀을 이끌라

Citrin, J. M., & DeRosa, D. (2021). *Leading at a Distance: Practical Lessons for Virtual Success.* Hoboken, NY: John Wiley & Sons.

Hanabury, E., & Stoddart, L. (2020). How to lead virtual teams successfully. https://www8.gsb.columbia.edu/articles/columbia-business/how-lead-virtual-teams-successfully, published 28 May 2020, accessed 17 August 2022.

Powers, H. (2018). *Virtual Teams for Dummies.* Hoboken, NY: John Wiley & Sons.

37 민첩한 팀을 만들라

Clayton, S. J. (2021). An agile approach to change management. *Harvard Business Review.* https://hbr.org/2021/01/an-agile-approach-to-change-management, published 12 January 2021, accessed 1 July 2022.

scrum.org (n.d.). What is scrum? https://www.scrum.org/resources/what-is-scrum, accessed 17 August 2022.

38 갈등을 관리하라

Kotter, J. P. (2007). Leading change: Why transformation efforts fail. *Harvard Business Review, 86*(7/8), 130-139.

Maxwell. J. C. (2018). *Developing the Leader Within You 2.0.* New York, NY: HarperCollins Leadership.

39 팀 정신을 만들고 유지하라

Heermann, B. (1997). *Building Team Spirit: Activities for Inspiring and Energizing Teams.* New York, NY: McGraw-Hill.

40 확장 팀을 육성하라

Zack, D. (2019). *Networking for People Who Hate Networking: A Field Guide for Introverts, the Overwhelmed, and the Underconnected.* 2nd ed. Oakland, CA: Berrett-Koehler Publishers.

5장 다른 사람들의 성장을 도와주라

41 팀원들의 강점을 인식하라

Rath, T., & Conchie, B. (2009). *Strengths Based Leadership: Great Leaders, Teams, and Why People Follow.* New York, NY: Gallup Press.

42 두려움이 없는 환경을 조성하라

Edmondson, A. (2019). *The Fearless Organization: Creating Psychological Safety in the Workplace for Learning, Innovation, and Growth.* Hoboken, NJ: Wiley.

43 도전적 과제를 제공하라

Locke, E. A., & Latham, G. P. (2006). New directions in goal-setting theory. *Current Directions of Psychological Science,* *15*(5), 265-268.

Sternad, D. (2020). *Effective Management: Developing Yourself, Others and Organizations.* London: Red Globe Press.

44 팀원들을 코칭하라

Sternad, D. (2021). *Developing Coaching Skills: A Concise Introduction.* Moosburg: econcise.

Whitmore, Sir J. (2017). *Coaching for Performance: The Principles and Practice of Coaching and Leadership.* 5th ed. London/Boston: Nicholas Brealey Publishing.

45 학습과 개발의 기회를 만들라

Sudakow, J. (2017). 6 creative ways to develop your people that don't cost any money. https://www.inc.com/james-sudakow/6-creative-ways-to-develop-your-people-that-dont-cost-any-money.html, published 10 May 2017, accessed 8 August 2022.

Swanson, R. A. (2022). *Foundations of Human Resource Development.* 3rd ed. Oakland, CA: Berrett-Koehler.

46 팀원들을 참여시키라

Radcliffe, S. (2012). *Leadership: Plain and Simple.* 2nd ed. Harlow: Pearson.

47 성과 문제를 해결하라

Sternad, D. (2020). *Effective Management: Developing Yourself, Others and Organizations.* London: Red Globe Press.

48 변화를 관리하라

Kotter, J. P. (2007). Leading change: Why transformation efforts fail. *Harvard Business Review, 86*(7/8), 130-139.

Maxwell. J. C. (2018). *Developing the Leader Within You 2.0.* New York, NY: HarperCollins Leadership.

49 성찰 세션을 구성하라

Derby, E., & Larsen, D. (2006). *Agile Retrospectives: Making Good Teams Great.* Dallas, TX/Raleigh, NC: The Pragmatic Bookshelf.

50 자기개발의 롤 모델이 되어라

Belton, S. (2021). *Change Your Life in 5: Practical Steps to Making Meaningful Changes in Your Life.* London: Orange Hippo!

· 저자 소개

디트마르 스터내드(Dietmar Sternad) 박사는 수상 경력이 있는 경영학 교수이자 베스트셀러 작가로, 다양한 리더십 역할(예: 미디어 회사의 CEO)과 신입 및 경험이 많은 리더를 교육하고 코칭한 폭넓은 경험을 갖고 있다. 그는 수많은 연구논문, 사례연구 및 저서 (econcise에서 출간된 세계적인 베스트셀러 『Developing Coaching Skills』와 『Solve It!: The Mindset and Tools of Smart Problem Solvers』를 포함)를 출판하였다.

· 삽화가 소개

　에바 코빈(Eva Kobin)은 그래픽 사용 편의성과 일러스트레이션에 열정적인 독학 예술가이다. 그녀는 꿈을 좇아서 에스토니아에 있는 작은 마을을 떠나 오스트리아에서 경영학 공부를 계속하였고, 그곳에서 이 책의 저자인 디트마르를 만났다. 예술은 처음엔 어려워 보였던 주제들에도 불구하고 단순함과 약간의 유머를 선사하며 그녀가 석사학위를 취득하는 데 도움을 주었다. 그녀는 자신의 작은 캐릭터들로 심각한 경영학 주제에 재미있는 면을 더해 주고 있다. 그녀가 독자들을 위해 그림을 만든 것만큼 독자들도 그녀의 그림을 즐길 수 있기를 진정으로 바란다.

· 역자 소개

정종진(Jeong Jongjin) 박사는 현재 대구교육대학교 명예교수이다. 뉴질랜드 캔터베리대학교 교육대학 연구교수, 호주 퀸즐랜드대학교 사범대학 객원교수, 한국초등상담교육학회 회장, 한국교육심리학회 부회장 등을 역임하였다. 펀리더십지도사(1급), 수련감독교류분석상담사, 학교상담전문가수련감독급, 심리상담전문가 외 다수의 교육상담 자격증을 갖고 있다. 대한민국비전대상(인성교육부문), 한국교원단체총연합회 교육공로상을 수상하였고, 한국연구재단 인문사회분야 우수평가자로 선정되기도 했다. 저·역서로 『BGT의 이해와 활용(2판)』(학지사, 2023), 『Grit 그릿을 키워라: 포기하고 싶을 때 힘을 얻는 책』(역, 학지사, 2019), 『성공하는 교사들의 9가지 습관: 교사의 역량 향상을 위한 실제적 지침서』(공역, 학지사, 2018) 등이 있다.

정영훈(Jeong Younghoon) 이사는 현재 비전 AI 로보틱스 글로벌 리딩 기업 ㈜CMES 마케팅본부 본부장으로 재직하고 있다. 호주 뉴캐슬대학교 경영대학(마케팅 전공)을 졸업하고, ㈜LG전자에서 글로벌 마케팅전략/기획, ASSA ABLOY KOREA ㈜아이레보에서 게이트맨 브랜드 마케팅과 상품기획 PM 업무를 담당한 바 있으며, ㈜가온그룹 기획조정실에서 그룹사 총괄 마케팅전략팀 팀장으로 일한 경력이 있다. 펀리더십지도사(1급), 웃음치료사(1급) 자격증을 갖고 있으며, 역서로 『하루에 하나씩, 나를 위한 선물 365: 행복, 성공, 동기를 불러일으키는 365일 인생수업』(공역, 시그마북스, 2015)이 있다.

리더십 슈퍼파워

- 잘나가는 리더의 핵심 기술 50가지 -

Develop Your Leadership Superpowers

- 50 Key Skills You Need to Succeed as a Leader -

2024년 10월 25일 1판 1쇄 인쇄
2024년 10월 30일 1판 1쇄 발행

지은이 • Dietmar Sternad · Eva Kobin
옮긴이 • 정종진 · 정영훈
펴낸이 • 김진환
펴낸곳 • (주) **학지사비즈**

04031 서울특별시 마포구 양화로 15길 20 마인드월드빌딩
대표전화 • 02)330-5114   팩스 • 02)324-2345
등록번호 • 제2023-000041호

홈페이지 • http://www.hakjisa.co.kr
인스타그램 • https://www.instagram.com/hakjisabook

ISBN 979-11-93667-07-1 03320

정가 17,000원

출판미디어기업 학지사

간호보건의학출판 **학지사메디컬** www.hakjisamd.co.kr
심리검사연구소 **인싸이트** www.inpsyt.co.kr
학술논문서비스 **뉴논문** www.newnonmun.com
교육연수원 **카운피아** www.counpia.com
대학교재전자책플랫폼 **캠퍼스북** www.campusbook.co.kr